英式橄榄球竞赛指南

刘云斐　主编

哈爾濱工程大學出版社
Harbin Engineering University Press

内容简介

本书结合英式橄榄球洲际比赛竞赛要求以及英式橄榄球裁判员基础知识，系统地讲解了英式橄榄球竞赛组织工作，包括比赛日前的准备、比赛日的工作指引、赛后收尾工作，以及与英式橄榄球比赛竞赛相关的文件。

本书适用于橄榄球及其相关专业学生、英式橄榄球从业者及有志于组织橄榄球比赛的业余爱好者参考阅读。

图书在版编目(CIP)数据

英式橄榄球竞赛指南 / 刘云斐主编. -- 哈尔滨 : 哈尔滨工程大学出版社, 2025. 4. -- ISBN 978-7-5661-4749-3

Ⅰ. G849.24-62

中国国家版本馆 CIP 数据核字第 2025FA4792 号

英式橄榄球竞赛指南

YINGSHI GANLANQIU JINGSAI ZHINAN

选题策划 史大伟
责任编辑 李 暖
封面设计 李海波

出版发行 哈尔滨工程大学出版社
社　　址 哈尔滨市南岗区南通大街 145 号
邮政编码 150001
发行电话 0451-82519328
传　　真 0451-82519699
经　　销 新华书店
印　　刷 哈尔滨午阳印刷有限公司
开　　本 787 mm×1 092 mm 1/16
印　　张 10.75
字　　数 280 千字
版　　次 2025 年 4 月第 1 版
印　　次 2025 年 4 月第 1 次印刷
书　　号 ISBN 978-7-5661-4749-3
定　　价 55.00 元

http://www.hrbeupress.com
E-mail:heupress@hrbeu.edu.cn

编 委 会

前　言

英式橄榄球作为一项集力量、速度、战术与团队合作于一体的运动，早已超越了单纯的体育竞技范畴，已然成为培养青少年品格、凝聚集体精神、推动体育文化交流的重要载体。随着我国体育事业的不断发展，英式橄榄球逐渐进入校园、俱乐部与社会各类体育组织的视野，越来越多的橄榄球从业者、橄榄球专业学生乃至热爱这项运动的普通爱好者，开始参与到英式橄榄球的推广、教学与竞赛组织工作中。然而，相较于足球、篮球等传统项目，英式橄榄球项目在国内仍处于发展阶段，相关的教学资源与实践指导性材料相对稀缺。基于这一现状，我们编写了这本《英式橄榄球竞赛指南》，旨在为读者提供一套系统、实用的学习与工作指南。

本书以英式橄榄球竞赛组织与实施为核心内容，围绕竞赛筹备、赛程安排、场地布置、人员协调、赛后总结等关键环节展开，力求为比赛组织人员提供明确的参考。同时，本书还特别加入了关于裁判员基础知识的内容，涵盖裁判岗位职责、判罚规范、临场沟通技巧等，既可为初学者打下规则理解的基础，也能为志在从事裁判工作的人员提供入门指导。

本书在内容编排上注重与国际接轨，不仅在每个模块中梳理了相关的基本概念与工作要点，还融入了国际比赛竞赛组织工作方面的知识与相关要求，避免纸上谈兵，让读者能够“学得会、做得准、用得上”。此外，考虑到读者层次的多样性，我们力求在专业性与可读性之间找到平衡，使本书既能满足高校橄榄球专业课程教学的需求，也能成为竞赛组织者和爱好者的实操手册。

本书主要适用于三类读者群体：一是正在从事或准备从事英式橄榄球竞赛工作的人员；二是高等院校体育专业，特别是橄榄球方向的学生；三是有志于推广和组织英式橄榄球赛事的业余爱好者。希望读者通过阅读本书，能够系统地掌握比赛组织的流程与规范，提升自身组织与管理能力，从而更好地推动本地区、本单位的橄榄球活动发展。

随着英式橄榄球运动在我国的持续推广，竞赛工作的专业化、系统化和规范化也显得尤为重要。我们希望本书的出版，能够为实现这一目标尽一份绵薄之力。

尽管本书力求内容全面、结构合理，但限于编者的经验与水平，书中难免有不足之处，敬请读者在阅读与使用过程中批评指正，共同为我国英式橄榄球事业的发展添砖加瓦。

编　者
2024 年 11 月

目　　录

第三部分　比赛后的收尾工作

第四部分　相关文件

预备知识一　比赛中的主要岗位

1. 比赛监督(match commissioner):比赛监督是赛场高级别官员,负责比赛围场、比赛运行管理和每场比赛球队的各项组织工作的有关事宜。

2. 反兴奋剂专员(anti-doping commissioner):保护参赛运动员的身心健康,维护体育竞赛的公平性,规范反兴奋剂工作。

3. 申诉官员(appeal officer):主要受理参赛队对裁判人员有关违反竞赛规程、规则的判决结果有不同意见的申诉。

4. 比赛督察(citing commissioner):监督比赛,维护比赛的公平性、公正性和安全性。

5. 场地商业节目经理(commercial programme venue manager):主要负责场地的运营及管理,包括场地设施设备、进出人员的相关管理及场地整洁度的维持。

6. 反兴奋剂监督员(anti-doping controller):反兴奋剂监督员是负责执行赛事每场比赛反兴奋剂程序的高级别官员。

7. 纪检特派官员(disciplinary designated officer):负责赛风赛纪的监督管理,严格规范和约束工作人员行为。

8. 仲裁(judicial officer):处理比赛期间的争议、接受和处理申诉、监督和管理裁判组。

9. 联络员(liaison officer):负责各项工作的协调工作,以及人员调动、物资准备。

10. 赛场医生(match day doctor):对赛场的医疗服务进行保障。

11. 竞赛主管(match manager):制定赛事方案、计划并监督执行,协助活动策划及推广,以及与相关部门协调资源支持。

12. 比赛新闻官(match press officer):在比赛中,比赛新闻官负责比赛场内新闻媒体运作。

13. 赛事技术区官员(event technical area officer):管理技术协调替换球员、记分计时、管理通道。

14. 赛事主裁判(match referee):主要负责管理比赛,执行比赛规则,负责维持赛场秩序。

15. 赛事边裁(match linesman):辅助主裁判观察场上球员是否有犯规行为,例如越位、球出界、争边球等情况。

16. 赛事极阵区裁判(match touchdown referee):辅助主裁判观察场上球员是否有犯规行为,以及判断攻门踢是否得分。

17. 球童(ball boy):当球飞出赛场或需要快速更换时,球童负责迅速将球交给裁判或运动员,保证比赛的顺利进行。

18. 赛事协调委员(tournament coordination committee):推动赛事的进展,协调各部门之间的紧密合作。

19. 参赛队领队(team manager):参赛队与赛事组织者之间的联系人,确保团队遵守赛事规定,协助解决团队在比赛期间遇到的问题。

20. 比赛电视裁判(television match official):帮助主裁判提高判罚准确度,"视频裁判助理(VAR)回看分析"适用于比赛客观性判罚。

21. 现场直播主管(venue broadcast manager):负责直播现场的跟进以及监制工作,确保直播质量。

预备知识二　队 长 活 动

在其他球类项目中,赛前的踩场活动通常是由教练带领的,但是在英式十五人制橄榄球(以下简称十五人制,英式七人制橄榄球简称七人制)中,赛前踩场是由队长而不是教练带领的一次训练活动。在十五人制比赛中,教练会坐到看台的教练席,场上的一些决断需要由队长自己做出,也因此,教练从旁协助的队长活动可以被视为对正式比赛的一种预演。队长活动通常在比赛前一天在预先确定的时间进行,每支参赛队有1小时的时间,在此期间参赛队在赛场上活动大约50分钟。参赛队通常会在这段时间按教练事先安排的战术做一些定位球的训练。

队长活动对于参赛队不是强制性的,并且参赛队可以用在训练场地上进行一次正式训练来代替队长活动。如果参赛队不参加队长活动,那么参赛队领队必须在正式训练前24小时告知比赛监督。随后,比赛监督需要与该队领队进行一次谈话,以商讨比赛当天的日程安排。如果不能面对面地会谈,比赛监督需要以发邮件的方式将所有需要的文件发给该队领队。比赛监督在队长活动期间的职责是确保除了比赛场地工作人员外,其他非该队的人员不会在队长活动时出现在赛场,以此保证参赛队在清静的环境中训练。

队长活动必须严格按照规定时间进行。在一支参赛队进行队长活动期间,其他参赛队不可以进入场地。同样,第二支参赛队开始队长活动前,第一支参赛队必须离开场地。

参赛协议中通常规定,每支参赛队每天必须保证经认证的新闻媒体人员有10分钟进入训练现场采访拍摄的时间。每次采访拍摄必须提前至少24小时与赛事媒体主管(tournament media manager)进行沟通。

在每支参赛队队长活动期间,一名参赛队代表必须与比赛监督和竞赛主管(或其代表)当中的至少1人进行会晤。当然,在此之前,竞赛主管要将确定过的队长活动的时间和地点提前通知比赛监督和联络员。在会晤期间需要确认以下事宜。

1. 队长活动一览表(the precise agenda of captain's run)。

2. 饮料(isotonic drink)及赛后小吃(post-match snacks)。

3. 队伍中哪位管理人员负责与比赛监督对接换人工作。

4. 头部受伤后的评估草案和职责分工。

5. 国歌礼仪和位置(Anthem protocol and position)。

6. 参赛队是否要进行文化挑战(cultural challenge)。文化挑战是在赛场上比赛开始前的一个环节,主要是南太平洋(诸如新西兰、汤加、斐济等队)十五人制国家队的赛前环节。为大家熟知的文化挑战是新西兰队的哈卡舞(HAKA)。如果文化挑战的形式是表演,要明确表演大约持续多长时间。

7. 电视技术官员协议(TMO protocol)。

8. 确定球衣号码和颜色,确定后不得更改。

第一部分　比赛日前的准备

第一章　比赛监督在比赛日前的工作

比赛监督是赛场高级别官员，负责比赛围场、比赛运行管理和每场比赛参赛队的各项组织工作的有关事宜。如果某个国家或地区举办比赛，比赛监督则代表比赛举办国家或地区的地方管理部门。比赛监督的职责包括做出推迟比赛的有关决定并且根据赛事参赛协议执行这一决定。只要合适，比赛监督也将裁定参赛队领队的争议，包括有关遵守比赛日流程、比赛场地和参赛协议三个主要方面的争议。

第一节　比赛监督的关键技巧和品质

比赛监督作为一次赛事（对十五人制而言，多数时候是一场比赛，而对七人制而言，通常意味着一次赛会制比赛）理论上的总负责人，负责从赛事筹备到人事协调的方方面面，很显然这样一个职位不是任何人都能担任的，通常情况下，一位称职的比赛监督应该具有以下五个方面的优点：

（一）组织橄榄球比赛和赛事活动的能力；

（二）出众的语言沟通技巧；

（三）良好的人际交往技巧；

（四）在压力状态下工作的能力；

（五）流利的英语口语。

第二节　比赛监督在比赛日前的核心职责

一、获取信息

一旦被委派成为一场比赛或一次系列赛的比赛监督，那么在第一时间需要从赛事组织者处获得以下基本信息：

（一）比赛场地的详情资料是什么？什么时间开球？

（二）赛场地面是人造草皮还是天然草皮？

（三）如果赛场地面是人造草皮，那么场地是否符合《世界橄榄球协会条例》第 22 条的规定？

（四）比赛围场的尺寸是多少（包括长度、宽度、极阵尺寸和周边安全面积）？

（五）关于赛场地面还有什么需要了解的情况？

(六)比赛当天的天气情况如何?

(七)在体育场地谁是主要联系人?

(八)参赛队的日程计划表,包括抵达、离开、队长活动计划和队伍行经路线是怎样安排的?

(九)与参赛队领队联系的核心问题是什么?

(十)何时召开参赛队领队会议?

(十一)有主要竞赛工作人员诸如裁判、比赛督察、仲裁和反兴奋剂主管的名单吗?

除了以上信息外,比赛监督也需要得到赛事组织清单(checklist for match organization),这份清单概括总结了有关比赛的所有至关重要的信息。当然,这份清单不只会提供给比赛监督,所有比赛的参与者都会获得这份清单,以保证所有参赛队、所有参与赛事组织工作的人员都会按照清单中的信息开展各自的工作。各方人员通常在赛事办公室领取该清单。

清单所列内容被默认为全部都是准确无误的,因此对于编写这份清单的赛事组织者来说,赛事组织清单需要仔细斟酌,一旦失之毫厘就很容易谬以千里。

在得到赛事组织清单之后,比赛监督就将依据相关内容编制比赛日程安排表(match day run sheet)。这个表格并不一定出自比赛监督之手,但一定是经过比赛监督认可的。在比赛开始前的至少两天,经比赛监督确认无误之后,日程安排表会呈交给赛事办公室,并分发到参赛队和各部门负责人手中。不论是十五人制比赛(通常有转播要求),还是七人制比赛(多队参与,赛事安排密集),各队及各工作部门均需严格按照日程安排表所列明的时间进行,否则整个赛事都会面临严重的问题(包括但不限于出现直播事故、拖延比赛进程等)。

在这之后,作为比赛监督还需要考虑以下几个因素:

(1)通道的末端到参赛队进行礼仪仪式最终位置的距离;

(2)奏国歌持续的时间;

(3)文化挑战的时间和顺序安排等。

另外,比赛监督还需要在开赛前获得参赛队通告。大多数赛事需要在每场比赛开始前的 48 小时内做出参赛队通告,而比赛通告通常是将参赛队报名名单递交后,由比赛新闻官来完成。对于比赛监督而言,需要获取这份通告并且在赛前分发给赛场内的相关人员。

参赛队报名名单中,对于十五人制比赛来说,场上球员包括受伤替补球员(replacement)的编号是按照规则章程中关于球员编号的要求来确定的(1~15 号是比赛开始时首发出场的球员,16~22 号是受伤替补球员,而且球员的位置安排为,数字小的号码是前排受伤替补球员,数字大的号码是场外的后卫受伤替补球员)。对于七人制比赛来说,虽然没有十五人制那么多的要求,但通常情况下球衣号码是 1~13 中的 12 个号码。

二、比赛管理

比赛监督检查比赛具体计划(比赛日程安排、赛场布局、安保措施、医疗急救、现场直播和新闻媒体)。具体管理内容会在本章其他小节展开讲解。

三、组织队长活动

队长活动通常是十五人制比赛特有的赛前活动。比赛监督需要确定的首要事情之一是为每一支参赛队安排队长活动的时间(地点通常就是比赛场内)。队长活动是球队发展的重要基础,它对于比赛监督也是非常有益的,因为在比赛开始前能够促使很多重要的参与者来到比赛场地。由此也给比赛监督提供一次安排和协调一些事情的机会(比如,与参赛队的领队检查比赛当天各项事宜的准备情况)。赛事组织者需要为每支参赛队安排一段时间进行队长活动,通常情况下,这个时间约为 1 小时。

比赛的前两天,比赛监督需要审查队长活动时间,确保没有时间上的冲突。如果有任何调整的必要,比赛监督需要立即与参赛队领队进行联系。

通常在队长活动开始前或结束后 10 分钟会有一个媒体活动时间。在此期间,比赛监督和比赛新闻官一起监督媒体活动的具体时间。

四、赛场地面

与场地画线工作人员、场地主管或竞赛主管一起审查场地画线和装饰图案绘制是否按计划进行。

五、确定比赛场地尺寸

如果一名比赛监督是在为一场国际比赛进行准备,他首先需要做的是审查比赛场地尺寸是否符合国际比赛准许的比赛围场最小尺寸要求。规则书中的最小尺寸要求是理论上场地应达到的最小尺寸,但在某些情况下(非国际比赛等),世界橄榄球协会也会在保证安全的情况下允许一个更小的尺寸。两套要求的具体尺寸如下。

(一)规则书中允许的比赛围场最小尺寸

(1)阵线至阵线的距离为 94 米;

(2)边线至边线的距离为 68 米;

(3)阵线至死球线的距离为 6 米;

(4)比赛围场周边面积的宽度为 3.5 米。

(二)世界橄榄球协会特许的比赛围场最小尺寸

(1)阵线至阵线的距离为 90 米;

(2)边线至边线的距离为 63 米;

(3)阵线至死球线的距离为 5 米;

(4)比赛围场周边面积的宽度为 3 米。

六、制订紧急情况计划

在比赛开始前的培训中,比赛监督可以预设会对比赛造成影响的一些因素,例如重大的天气变化或自然灾害,这些事一旦在比赛中发生就意味着比赛监督需要组织一个紧急会议商讨比赛是否继续进行。会议的确切性质取决于正在商讨的紧急情况的具体细节。

本节第一部分获取的信息内容可以成为紧急会议的全部或部分内容。此外,也可以根据赛事具体情况制订适合单次比赛的紧急情况计划。

七、天气情况

在比赛当天恶劣天气是影响比赛正常进行的重要因素。作为比赛监督可以在赛前几天查看天气预报,把令人担忧的事情与相关的工作人员进行沟通,让每个人有所准备。

预防闪电雷击指导原则:了解闪电雷击的危害和采取正确的措施有助于将闪电雷击的危害降到最低。当受到闪电雷击的威胁时,采取的措施将取决于赛事获得相关信息的水平。世界橄榄球协会赛事组织者或竞赛官员在世界橄榄球协会运动员福利网站上登载了关于雷电天气的指导原则。

此外,在极端的环境里运动也易导致一些并发症。世界橄榄球协会赛事组织者或竞赛官员在世界橄榄球协会运动员福利网站上登载了酷暑高温的指导原则,作为比赛监督应该经常地浏览或在比赛前依据指导原则进行相关计划的制订。

第三节　场地、器材管理

检查比赛场地竞赛设备,确保比赛开始前一切准备完毕。与裁判和(或)赛场管理人员解决有可能发生的意外事件和问题;检查赛场和比赛围场。

在第四部分“七人制橄榄球比赛竞赛器材清单”中列举的一些七人制橄榄球比赛所需的器材可以作为参考。

第四节　人 员 管 理

一、管理及联系的主要人员

作为比赛监督,你要与其他工作人员在一起工作。这里罗列一些比赛监督需要管理及联系的主要人员。

(一)参赛队领队(TM)

每支参赛队都有一名负责组织管理并且遵守参赛协议的领队。领队负责与比赛相关的参赛队的事情,该领队就是比赛监督要联系的首要人员。

(二)联络员(LO)

联络员有时候被称为参赛队的顾问(counsellor),他的义务是赛会期间(赛事活动和所有比赛),始终陪伴随被分派给他的参赛队。同时他也要确保该队从赛会组织者处得到所有有关比赛的信息。此外,联络员还要帮助参赛队完成赛会方面安排给他的其他任务。

联络员拥有和参赛队一样权限的通行证,因此有权进入体育场内球队能去到的全部区域、球队下榻的宾馆以及训练场地。如果条件允许,在比赛期间联络员可以住在参赛队所在的宾馆。

（三）竞赛主管（MM）

竞赛主管是赛会组织委员会中的领导成员，负责比赛计划和供给。他们将与比赛监督建立主要的业务联系。竞赛主管主要职责包括在赛事运行期间协调赛场工作人员、赛事供应商、功能区主管和主要商业参与人等事宜。

（四）比赛官员（MOS）

一场比赛至少要委派一名主裁判和两名助理裁判。除此以外，在七人制比赛中，可以增加两名极阵裁判［最新的规定中，如果比赛有比赛电视裁判（TMO），则可以取消］。而在十五人制比赛中，是否额外增加人员取决于当次赛事的水平。其他可以委派的裁判如下：

比赛电视裁判；第 4 官员；第 5 官员；第 6 官员。

比赛电视裁判与比赛监督主要交流的内容包括解决任何有关参赛队遵守技术区相关规定的问题，赛场上出现的问题，以及参赛队成员在比赛场上身着装备的相关问题。

要求参赛成员遵守运动队装备的具体规定是比赛监督的责任，但是参赛成员遵守比赛规则（如大腿绑扎，前臂护具）是其的责任。比赛监督还要就可能推迟，甚至取消比赛以及在淘汰赛阶段中进行加时赛和（或）踢球射门比赛（类似足球的点球大战），与当值裁判（一般是主裁判）保持密切联系。

（五）比赛新闻官（MPO）

在比赛中，比赛新闻官负责比赛场内新闻媒体运作。与比赛监督主要的交流是有关新闻媒体的问题，以及参赛队遵守比赛当天比赛流程中有关媒体规定的内容。比赛监督通常不对新闻媒体发表公开评论，这样便于比赛新闻官完成工作。

（六）反兴奋剂主管（ADC）

反兴奋剂主管是负责执行赛事每场比赛反兴奋剂程序的高级别官员。与比赛监督交流的问题主要是比赛监督协助解决参赛队领队和成员与兴奋剂控制官员相互配合的问题。

（七）场地主管（VM）

场地主管负责所有与体育场管理有关的统筹安排。

（八）现场直播主管（VBM）

如果当场比赛正在直播，那么就要有一名现场转播主管。现场转播主管不向比赛监督汇报情况，但是需要向比赛监督反馈意见并解决出现的问题。

（九）赛场医生（MDD）

赛场医生的职责是：

1. 比赛进行期间协调赛会提供医疗服务。

2. 帮助参赛队队医照顾受伤球员（如果参赛队提出要求）。

3. 评定流血受伤的球员是否符合被临时替换的要求（临时替换最多 15 分钟），如果受伤的球员在经过赛场医生确认后达到了规定的标准，那么该球员将被要求进行脑震荡评估。

4. 如果球员经脑震荡评估后确定有要离场的征兆，那么赛场医生便需要强制将该球员从赛场带离,在移送接受脑震荡评估的球员时如果参赛队队医提出要求,那么赛场医生就需要与球员所在队的队医一起观察该球员。

5. 如果赛场医生接受参赛队队医在赛前委托,那么在场上如果出现超过一名球员需要接受脑震荡评估,而队医又无力分身时,赛场医生就要对该球员进行脑震荡评估。如果赛场医生担忧接受了脑震荡评估后要重新比赛的球员的身体状况,其应当同参赛队队医进行协商,如果球员所在球队坚持要求继续比赛,赛场医生可以要求该球员在重新参与比赛之前或之后再次接受脑震荡评估。

6. 如果赛场医生建议该球员因其伤势(不论其伤势是流血受伤或是其他伤害)不能继续比赛,那么该球员便不允许重新参与比赛。该建议将传达给受伤球员所在协会(国际比赛适用)或协会代表,然后该协会将决定是否提名一名受伤替补球员。

7. 确定参赛队队医在同一天赛后对因头部受伤而退出当场比赛的球员再次接受脑震荡评估。

8. 确定参赛队队医了解到要将每周所有脑震荡评估的文字报告,包括同一天的赛后第二次评估报告转呈世界橄榄球协会的比赛协调人员。

9. 在异常炎热的天气里,要求执行世界橄榄球协会发布的高温指导原则。

(十)机构代表(RO)

机构代表有权管理有关比赛场地、比赛运行,以及通过与赛场主管和比赛新闻官保持联系,管理每场比赛参赛队的各项竞赛工作。

(十一)比赛督察(CC)

在一些情况下,比赛监督也是比赛督察的联络官,赛前比赛监督要通过电话与比赛督察联系,确认比赛督察已经得到了最终的参赛队名单。

二、为技术区人员提供技术区课程

本课程所包括的内容旨在为在边线外负责技术区管理的人员提供一个文本概述,特别是涉及在工作方面的作用、技能、角色和职责。技术区官员(TZOS)根据技术区文本的规定,在保证遵守比赛规则的基础上,为参赛的两支球队服务,并且负责全面管理受伤替换球员和技术替换球员(substitution)。比赛中,为了管理好参赛的两支球队,技术区官员除了需要掌握比赛规则和技术区方面的知识外,还需要掌握沟通的技巧。

(一)职能作用

制定清晰、可以解释的规定,从而使所有人对边线管理人员和技术区管理没有任何疑虑。

(二)角色和责任

边线管理角色最初是在国际赛事中确保球员被合理替换而设立的。最初这一角色被任命为"第4官员",但随着比赛的发展,教练员开始以更加精明的方式利用球员的技术替换。因此,换人过程便如此繁忙,特别是在比赛最后的20分钟,以至于对于这种状态需要给予更加严密的监督。高度的责任心和注意力是对边线管理人员最基础的要求。虽然对世界上大多数裁判委员会或裁判协会而言,委派足够的人员承担任何技术区管理角色十分困难,但是作为现代比赛的一部分,世界橄榄球协会目前都会指派专门的人员充当国际赛事的特殊角色。技术区内的人员大致可分为以下7种:

1. 场边主管

场边主管监管边线、技术区、比赛围场和边线区域所有人员。

2. 替补席工作人员

替补席工作人员确定球队在正确的位置有符合规定数目的人员。确定在两场比赛之间,球队迅速进入或离开技术区。

3. 球队换人裁判

球队换人裁判照顾每支球队并且保证以及时、正确的方式管理所有的技术替换球员。

4. 换人主管

换人主管是两边换人裁判的直接联系人,掌握由换人裁判提交的信息并报给裁判。换人主管通过有效的换人运作与技术区主管直接沟通,从而为每支球队的管理工作提供密切协助。如果能进一步统筹安排,可以委派更多的角色协助比赛,如记分员、计时员。

换人主管的主要职责是接受换人名单,记录换人情况,与换人名单核对复查,并将换人情况提交竞赛办公室。

5. 记分员

记分员记录比赛得分,充当记录员。

6. 计时员

计时员在比赛中负责计时,并掌控短暂禁赛、流血换人、加时赛等的时间。

7. 通道管理员

保证参赛的两支球队在比赛开始前准备就绪,与委派的监督人员一起保证通道对其他人员都畅通无阻。

(三)技巧

1. 与有关球队的领队或该队负责执行受伤替换球员和技术替换球员的人建立良好的关系。

2. 接受球队领队递交的受伤替换球员或技术替换球员的换人名单,并检查换人名单是否填写完整。除此之外,还要确认受伤替换球员是否更换或改为技术替换球员。如果事情不能解决将要求在场的赛场医生予以帮助。

3. 通知场上裁判,某球员要被受伤替换或技术替换。

4. 确认离开或进入赛场的球员都是从中线处出入的。

5. 在十五人制比赛中,为方便观众知晓,需要使用换人牌。

6. 明确被技术替换的球员开始向场边移动后,再准许技术替换球员进入赛场。

7. 记录每一次球员的受伤替换和技术替换,以保证遵守规则有关条款。

8. 向比赛裁判报告所有违反规则或技术区规定的行为。

9. 比赛结束后要将所有恶劣行迹向裁判或赛事委员会委员或比赛主管等相关人员报告。

10. 确保受伤替换球员或技术替换球员在正确的极阵区内做热身活动,并且做热身活动时不得使用球或其他器械(除非附加的热身场地内有提供的球和其他器械)。

(四)短暂禁赛管理

1. 确保被短暂禁赛的球员坐在指定的位置。

2. 与裁判通话,告知裁判被短暂禁赛的球员将返回赛场,并且等待裁判的示意。

3. 将每一次短暂禁赛都记录下来。

(五)技术区内人员的管理

1. 与准许逗留在技术区内的人员建立和谐的关系。

2. 确保送水员除了进入赛场外都留在技术区内。

3. 确保医务人员按照规定在准许的场地两侧巡视。

4. 确保水是按照规定提供给球员的。

5. 确保没有获准在技术区内逗留的人员不得进入技术区。

6. 管理任何违反规定的行为,如果继续违反规定,将情况报告给比赛裁判。

7. 比赛结束后,将任何恶劣行迹向裁判或赛事组委会或赛会主管等相关人员报告。

(六)记分

1. 按照记分表的格式记录每次得分的时间。

2. 记录每次实际得分的球员(球队、号码)。

3. 将记录的比赛分数和得分球员等信息交给竞赛办公室归档。

(七)计时

1. 准确记录比赛的实际时间(即从比赛开始到比赛结束实际使用的时间)。

2. 准确记录比赛时间(十五人制英式橄榄球比赛规定时间为 80 分钟,不包括比赛期间的暂停时间)。

3. 对于临时替代流血受伤队友的球员的时间掌控以实际时间为准。

4. 对于短暂禁赛球员的时间掌控以比赛时间为准,如果场内和场外比赛时间一致,则与裁判沟通时间。

(八)技术区管理人员工作提要

虽然关于技术区管理的文字内容相对简单易懂,只给出一条规则。但我们所关心的是当提到受伤替换球员和技术替换球员的时候,在比赛规则之外,有可能发生更多的事情包括由球队和观众所带来的压力,所有这些可能使该工作成为一件难办的事情。所以在大多数的情况下应当严格遵守并清楚地理解规则。

受伤替换球员:替代受伤队友进场的球员。技术替换球员:因技术理由取代队友进场的球员。

如果某球员被技术替换将存在两个例外,使得该球员可以重新回到比赛:

例外 1,被技术替换的球员可以替代由于受伤开裂伤口或流血的球员。

例外 2,除非裁判已经命令无争司克兰(uncontested scrum),被技术替换的球员可以替换前排球员。

七人制比赛被技术替换的球员可以替代因受伤流血或开裂伤口的球员，特殊情况参照相关规则。未满 19 岁组别比赛，如果球队报名人数是 22 名，那么必须至少有 6 名可以担任前排的球员（松头支柱、勾球球员和紧头支柱）。球队报名人数如果是 22 名以上，其中至少有 3 名可以担任锚锁（lock）位置的球员。确定球员名单中有适当训练和经验的前排球员是球队管理的责任。

三、换人流程

为了在比赛中准确快速地完成换人工作，包括参赛队管理人员在内，技术区人员以及裁判不仅应该了解技术区规则，同时也要对换人流程有清晰的理解。

如果换人名单信息填写完整，就可以受理球员的受伤替换或技术替换。换人主管与裁判通话时，把握告知裁判技术替换球员的时机极其重要。赛前要与裁判就有关技术区的认识达成一致，并且在与裁判沟通之前，要等待比赛出现停顿（死球，或换人队获得罚踢）。在通话前要观察比赛出现停顿的情况。

四、技术区工作过程中需要注意的一些细节

1. 注意罚踢。
2. 注意司克兰的进程，在两队准备之前与裁判通话。
3. 注意争边球的进程，在两队准备之前与裁判通话。
4. 确认裁判没有正在处理其他事情。
5. 确认裁判没有正在忙于解决管理问题。
6. 报告被替换球员的球队服装颜色和号码。
7. 确保退场球员和进场球员都是从中线处出入赛场的。
8. 一旦能清楚地辨认被技术替换的球员开始移动，便可以让技术替换的球员入场。
9. 裁判在出示黄牌后，一旦鸣哨示意开表，比赛重新开始，与此同时短暂禁赛的时间（七人制 2 分钟，十五人制 10 分钟）也开表计时，受罚时间与比赛时间（playing time）是一致的。
10. 实际时间（actual time）是流逝的时间。而比赛时间是比赛的历时，不包括在非比赛状态损失的时间。
11. 为了保证短暂禁赛球员在返回赛场前做好准备，允许该球员起立或在靠近指定的地方做热身活动。
12. 如果某队在最后 1 分钟内（七人制比赛 40 秒）达阵得分，重开踢（restart kick）可以随后被执行。球被踢到时比赛用表不停，比赛继续，当出现下一次死球时，比赛结束。因换人需要而使比赛暂停不影响比赛进行。
13. 如果主裁判受伤，将被助理裁判替代。如果助理裁判（1 人或 2 人）受伤，将被技术区管理人员（通常是第 1 换人裁判或第 2 换人裁判）替代。换人裁判这个岗位职责随即由其他人分担。
14. 比赛中允许每队下列人员在技术区内：教练、领队、物理治疗师和替补球员（七人制 5 人，十五人制 8 人）、1 名额外人员（或是医生或是球队教练组成员）。最多可允许 3 名没

上场比赛的人员进入赛场内送水(只有当球员受伤而使比赛停顿或达阵的时候允许送水员送水)。在任何时候领队和教练不许充当送水员送水。送水员必须始终穿着由赛会组织者提供的送水服。除了经说明的比赛规则或其他规定允许人员外,其余所有不参加比赛的人员将留在有清晰标示的各自技术区内。

第五节　竞赛文件管理

比赛监督需要从竞赛办公室或比赛组织者那里获得大部分竞赛文件。以下是一些比赛监督能够得到的不同类型的文件:

(1)赛事运作流程单(tournament operations run sheet);

(2)比赛组织工作清单(checklist for match organization);

(3)领队会议安排一览表(agenda for team manager's meeting);

(4)队长活动时间(captain's run times);

(5)空白的比赛记分卡复印件(blank copies of match score sheet);

(6)现场播报员演讲稿件(script for PA announcer)(如果需要);

(7)上几轮比赛统计数字资料(match stats from previous rounds);

(8)小组赛排名(pool standings);

(9)赛前安排(pre-match agenda);

(10)紧急会议议程模板(crisis meeting agenda template);

(11)规则中摘取的比赛用球的胎压(ball pressure extract from laws of the game);

(12)第一比赛日安排(match day-1 agenda)。

第六节　赛前会议的召开

一、赛前会议参会人员

在开会前要做的第一件事情是通知所有出席赛前会议的人员会议举行的时间和地点。会议通常是第一场比赛开始前3个小时在体育场内举行(十五人制)。

会议通常由比赛监督主持,参加会议者将包括以下所有或部分人员:比赛监督助理(assistant match commissioner)、场地主管(venue manager)、场地保安主管(venue security manager)、比赛新闻官(match press officer)、球童主管(ball boys manager)、赛场医生(match day doctor)、现场播报员(public address announcer)、数据录入员(data typist)、直播节目制作主管(broadcast production manager)、制作助理(production assistant)、舞台监督(floor manager)。

二、会议安排

(一)欢迎与介绍

确认所有应参会人员都出席会议,与所有会议参与人员校准时间。

(二)工作流程

比赛监督做以下有关方面的报告:

1. 决策过程(decision making process);

2. 比赛日运行顺序(match day running order)。

如果不能按照规定的顺序运行,比赛超过了预定的时间,要明确工作的具体步骤。为应对危急情况,要确定主要的负责人。

(三)赛场安全措施报告

1. 会议前赛场检查(pre-meeting venue inspection);

2. 主要安保人员的数量和位置;

3. 将撤离预案告知工作人员和观众以及随后会晤的主要工作人员。

4. 向每位参会人员具体指明哪些人允许进入比赛区域。

(四)医疗急救

赛场医生做以下有关方面的报告:

1. 为参赛队和观众提供的医疗设备;

2. 值班医务人员身份证明;

3. 医疗急救室的位置;

4. 医务人员如何抵达体育场;

5. 一旦运动员、观众或赛场内出现紧急状况,应采取医疗救治的步骤;

6. 脑震荡评估方案,裁判、第4和第5官员、赛场医生、参赛队队医起到的作用。

(五)赛场饮食的提供和保洁工作的运作

场地主管做以下有关方面的报告:

1. 将水、冰、运动饮料送至参赛队更衣室;

2. 如果当天进行的比赛超过一场,在两场比赛(七人制则为固定时段)之间清理技术区、替补球员席、更衣室区域、淋浴器等;

3. 比赛后提供食品和饮料的地点。

(六)电视直播和新闻媒体工作的运作

如果进行电视直播,主办方电视广播单位负责人做以下方面的报告:

1. 播放时间(on air time);

2. 摄像机位置(camera position)。

比赛新闻官员做以下方面的报告:

1. 预计合格的新闻媒体人员的数量(numbers of accredited media expected);

2. 非许可转播方出席及其权利(presence and right of non-licensed broadcasters);

3. 新闻媒体中心的设立和设备的准备情况(media centre set up and facilities)。

(七)比赛监督确认

如果发生危急或紧急情况,有资格向新闻媒体发表评论的人员以及向新闻媒体发表评论的程序。

(八)球童工作的运转情况

球童数量、球童负责人,球童工作开展的方案等内容。

(九)比赛音乐及方案

与比赛办公室、比赛记录台、裁判、竞赛主管等进行沟通及联络。

(十)工作流程及指导原则

赛前工作方案(pre-match protocol),大屏幕输出信息和时间安排(big screen output and timing)。

(十一)比赛官员(match officials)确认

1. 比赛监督确认最终入围当次赛事的全部比赛官员;
2. 比赛监督确认比赛中可以作为裁判员和助理裁判员的人选;
3. 掷币的拍摄(通常在有直播的十五人制比赛中);
4. 电视裁判执裁和试行方案(TMO present for matches and trial of protocol)。

(十二)参赛队安排

1. 在十五人制比赛中,通常在赛前会议有一次不同于比赛前挑边的掷币环节,该环节用于确定当场比赛的主客队,掷币获胜的参赛队被确定为比赛的 A 队,见表 1-1。

表 1-1 赛前会议掷币结果

队长活动	A 队优先选择时间段
在比赛当天执行掷币时	A 队赛面
比赛中队伍衣着	A 队优先选择衣着

如果比赛还有淘汰赛阶段,那么淘汰赛的首轮比赛,各分组寨的冠军队自然地获得 A 队称号。

而在半决赛或决赛前,还会有一次由比赛监督执行的掷币环节,目的同上。

除掷币环节,比赛监督还要对以下环节拿出预案:

1. 比赛如果超过预定时间如何处理;
2. 在淘汰赛阶段打平的情况下,是安排加时赛(同时确定加时时长)还是安排定踢射门(类似足球点球大战);
3. 如果一队或两队都有文化挑战环节,如何安排时间和顺序(通常出现在十五人制国际比赛中南太平洋的一些岛国,比较有名的是新西兰的哈卡舞)。

(十三)最后检查

比赛监督要确认:

1. 决策进程(decision making process);

2. 所有工作人员分享联络信息;

3. 比赛超过预定时间安排的解决程序。

(十四)其他事情

1. 赛前会议后检查场地(site inspection)

赛前会议以后,比赛监督便要与场地主管和新闻官做最后一次场地检查,包括:

(1)场地标示(signage);

(2)大屏幕(large screen);

(3)更衣室、冰浴桶、按摩床的分配(allocation of dressing room, ice bins, massage tables);

(4)比赛相关人员休息室(match officials room);

(5)医疗急救室(medical room);

(6)救护车位置(ambulance position);

(7)反兴奋剂室(anti-doping room);

(8)垃圾桶的摆放(bins in place);

(9)附有旗帜的旗杆(flag poles);

(10)国歌的准备(Anthems ready);

(11)新闻媒体房间(media room);

(12)电视支撑台架(TV gantry);

(13)球童(ball boys)配置。

国际比赛中,每场比赛至少需要10名球童。每名球童必须穿可以辨认的正式的全套服装(outfit)。在国内比赛中,每场比赛最少需要6名球童。

(14)比赛拍摄(filming of matches)的场地。

(15)比赛官员会议(match officials meeting)的场地。

2. 裁判

比赛监督通常在开球前90分钟到达赛场,到场后需要确定下列一些细节:

(1)就告知比赛开始的信号与临场裁判达成一致。

(2)确定临场裁判已经得到了比赛用球并且检查了胎压。

(3)向临场裁判指示并说明在哪里进行掷币。

(4)要确认如果要拍摄掷币的过程,临场裁判是否必须在比赛时主持掷币。

(5)确定脑震荡评估协议(confirm HIA protocol)。

(6)推迟、延期或取消比赛(delay, postponement or cancellation)。

当做出了推迟、延期或取消比赛的决定时,比赛监督必须确定参赛协议中所叙述的相应步骤都得到了应用并且被正确遵守。

第二章　比赛的相关规定

第一节　七人制比赛的相关规定

一、七人制国际系列赛相关规定与规则

七人制国际系列赛按照世界橄榄球比赛规则和在赛事举办期间生效的与比赛有关的《世界橄榄球协会条例》进行,而且须遵守本“参赛条款”和“世界橄榄球后续通讯”中的附加规定。这些规则和章程可以在世界橄榄球网站(www. world. rugby. org)上找到。

(一)七人制系列赛形势

该系列赛是由 16 支球队组成的联赛,早期包括 10 个分站赛,而且男子、女子分站赛数量及比赛地点并不完全一致。但近几年七人制系列赛始终在改革,2023—2024 年赛季的七人制系列赛男子、女子各有 7 个分站赛,分别是迪拜、开普敦、珀斯、温哥华、洛杉矶、香港、新加坡。

(二)晋级和降级

从 2023—2024 年赛季开始,每个赛季总积分排名后 4 名的球队将和挑战赛前 4 名的球队进行比赛,获胜的 4 支球队参加下个赛季的国际系列赛,失利的 4 支球队将降级。

(三)系列排名

参加系列赛的所有球队将在每次赛会结束时根据其排名获得比赛积分。该系列赛的总冠军将由在以下发布的系列赛积分表中积分最高的球队获得。

1. 系列赛积分系统(表 2-1)

表 2-1　系列赛积分表

参赛队	积分
杯级冠军并且获得金牌的球队	22
参加杯级决赛并且获得银牌的球队	19
获得比赛铜牌的球队	17
参加争夺铜牌比赛的球队	15
获得比赛第 5 名的球队	13

表 2-1(续)

参赛队	积分
参加争夺第 5 名比赛的球队	12
获得争夺第 5 名比赛半决赛胜利的球队	10
参加争夺第 5 名比赛半决赛的球队	10
获得挑战奖杯决赛冠军的球队	8
参加挑战奖杯决赛的球队	7
获得挑战奖杯赛半决赛胜利的球队	5
参加挑战奖杯赛半决赛的球队	5
获得比赛第 13 名的球队	3
参加争夺第 13 名比赛的球队	2
获得争夺第 13 名比赛半决赛胜利的球队	1
参加争夺第 13 名比赛半决赛的球队	1

2. 排名的其他标准

(1)如果 2 支或 2 支以上的球队在系列赛积分表上的排名积分均相等,则在所有系列赛的比赛中总得分与总失分之间的差值最大的队应排名更高。

(2)如果积分和得失分差一样,则在系列赛比赛中达阵总得分与达阵总失分之间差值最大的球队应为排名较高的球队。

(3)如果以上方式仍不能确定排名先后,则系列赛积分表上的排名将被视为相等(即积分相同)。

3. 赛会比赛形式

系列赛中的所有分站赛都采用相同的比赛形式,包括分组循环赛和淘汰赛。

(四)分组循环赛阶段

所有赛会的分组循环赛结构:在前一分站赛的最后一天完成铜牌争夺赛(第 3/第 4 名赛)后进行抽签。抽签的种子队将由赛会排名成绩决定。赛会第 1、第 2、第 3 和第 4 名的队伍将分别进入分组循环赛中 A1、B1、C1 和 D1 的位置,其余的队伍根据他们在赛会的排名分为 3 组,每组 4 支队伍,随机抽签决定他们在每个组所在的位置,见表 2-2:

表 2-2　系列赛分组抽签结果

A 组	B 组	C 组	D 组
杯级冠军队 (1 区)	杯级亚军队 (1 区)	铜牌获得队 (1 区)	铜牌比赛亚军队 (1 区)
第 5 至第 8 名队 (2 区 抽签)	第 5 至第 8 名队 (2 区 抽签)	第 5 至第 8 名队 (2 区 抽签)	第 5 至第 8 名队 (2 区 抽签)
第 9 至第 12 名队 (3 区 抽签)	第 9 至第 12 名队 (3 区 抽签)	第 9 至第 12 名队 (3 区 抽签)	第 9 至第 12 名队 (3 区 抽签)

表 2-2(续)

A 组	B 组	C 组	D 组
第 13 至第 16 名队 (4 区 抽签)	第 13 至第 16 名队 (4 区 抽签)	第 13 至第 16 名队 (4 区 抽签)	第 13 至第 16 名队 (4 区 抽签)

除上述情况外,根据世界橄榄球协会的建议,新赛季的第一个分站赛将提前进行抽签,抽签种子队的确定将参考上一年系列赛排名。

(五)分组循环赛比赛日程安排

分组循环赛的比赛将从 D 组球队到 C 组球队再到 B 组,并且由 A 组的球队结束每一轮分组循环赛的比赛。每轮分组循环赛的比赛将按照球队的排名如以下所示的流程进行:

- 2 vs 3,然后是 1 vs 4
- 2 vs 4,然后是 1 vs 3
- 3 vs 4,然后是 1 vs 2

因此,第一轮分组循环赛的比赛将如以下所示的方式进行:

- D2 vs D3
- D1 vs D4
- C2 vs C3
- C1 vs C4
- B2 vs B3
- B1 vs B4
- A2 vs A3
- A1 vs A4

第二轮分组循环赛的比赛将如以下所示的方式进行:

- D2 vs D4
- D1 vs D3
- C2 vs C4

……

出于电视节日效果或考虑到在第一天比赛结束之前有必要让观众留在体育场内,可以更改分组循环赛的安排,例如,如果主场作战的球队为“C1”,那么分组循环赛的流程将从 D 组到 B 组再到 A 组并以 C 组比赛结束。

1. 积分制系统

球队将在循环赛阶段,与小组中其他三个对手进行比赛。分组循环赛每场比赛都将在以下基础上获得比赛积分:

获胜=3 分

平局=2 分

失利=1 分

无比赛=0 分

循环赛阶段不得进行加时赛。

2. 分组循环赛阶段结束时的排名

在分组循环赛阶段结束时，每个组所在的队伍根据其比赛积分排出第 1 至第 4 名，并分别确定为冠军、亚军、季军和殿军，见表 2-3。

表 2-3　循环赛阶段成绩表

A 组	B 组	C 组	D 组
A1：冠军	B1：冠军	C1：冠军	D1：冠军
A2：亚军	B2：亚军	C2：亚军	D2：亚军
A3：季军	B3：季军	C3：季军	D3：季军
A4：殿军	B4：殿军	C4：殿军	D4：殿军

如果在分组循环赛阶段完成时，两支球队的比赛积分相等，而两个并列的球队相互间的比赛为平局，或者有两支以上队伍积分相等，则将按照以下标准和下列顺序排列，直到可以确定其中一支球队为排名较高的球队。

(1) 在所有分组循环赛的比赛中总得分与总失分之间差值最大的球队为排名较高的球队，在所有分组循环赛的比赛中达阵总得分与达阵总失分之间差值最大的球队应为排名较高的球队。

(2) 在所有分组循环赛的比赛中总得分最高的球队为排名较高的球队。

(3) 在所有分组循环赛的比赛中达阵次数最多的球队为排名较高的球队。

(4) 如果以上方法均未产生结果，则将采用掷币予以解决。

3. 淘汰赛阶段

根据分组循环赛每个组的最终排名，淘汰赛阶段对阵图如图 2-1 所示。

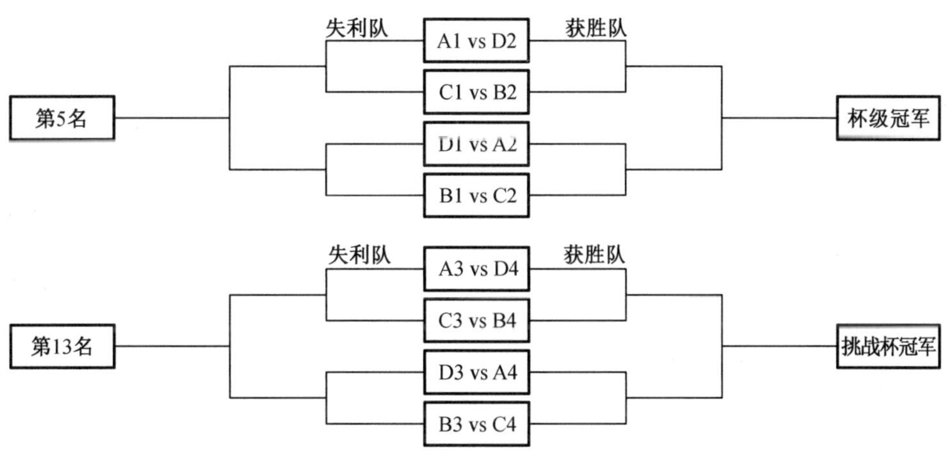

图 2-1　淘汰赛阶段对阵图

此外,杯级半决赛失利的两支队伍将进行第3和第4名的争夺铜牌的比赛。

4. 比赛持续时间和淘汰赛

(1)所有比赛分上下半场,每半场持续时间为7分钟,中场休息2分钟。

(2)在淘汰赛中,如果比赛在常规时间结束时为平局,则将进行加时赛,加时赛中采用突然死亡法(任何形式得分即获胜)。常规时间结束后有1分钟时间重新挑边。

(3)加时赛每节比赛持续时间为5分钟。在每节比赛后,两队将交换场地,无间隔休息。

(4)两队领队和裁判将进行一次掷币,获胜的队如果选择开球,则另一队选择站在哪边接球,反之,则另一队直接开球。

5. 拒绝比赛和被驱逐的球队

(1)如果在未经裁判事先同意的情况下,某队故意拒绝参加比赛或故意放弃进行中的比赛,则在赛会确认的情况下,该队将被逐出该次比赛。

(2)如果某队出于任何原因被逐出赛会,则该队应被视为未获得分组循环赛积分,并且在分组循环赛的比赛中未获得达阵得分或其他的任何得分,并且为了确定在分组循环赛阶段的排名,所有与该球队的比赛结果均视为无效。

这意味着,在确定分组循环赛积分表中的排名时,将不考虑被驱逐的球队在比赛中所获得的所有分组循环赛积分和达阵次数以及其他任何形式的得分,或被对方达阵和其他的得分方式而失去的分数。

6. 取消和提前结束的比赛

除了上述第5条的情况外,如果根据比赛规则的规定在比赛开始后必须停止的比赛,则应遵循以下程序:

(1)如果比赛在中场休息时或下半场的任何时候被迫提前结束,则当时的比赛结果以及每个球队的得分和达阵次数均应视为有效。

(2)如果在上半场期间比赛被迫提前结束,则宣布比赛结果为平局,在这种情况下,每个球队将获得2个积分,并且任何得分和达阵次数都将计入每个队的所在的小组比赛的总得分和达阵得分。

(3)在淘汰赛阶段,如果两队战成平局,则应按照以下标准和下列顺序确定获胜队:

在比赛中获得达阵次数最多的队被宣布为获胜队;

在比赛中得分最高的队被宣布为获胜队;

在赛会中获得达阵次数最多的队被宣布为获胜队;

在比赛中被出示红牌次数较少的队被宣布为获胜队;

在比赛中被出示黄牌次数较少的队被宣布为获胜队;

在赛会中被出示红牌次数较少的队被宣布为获胜队;

在赛会中被出示黄牌次数较少的队被宣布为获胜队;

如果以上方法均未产生结果,则将以掷硬币的方式来确定获胜队。

(4)根据比赛规则(七人制变化规则),如果其中一支球队的可用球员少于5名,例如受伤、疾病或球员被处罚,比赛将无法继续进行。在这种情况下,比赛负责人应将此事转交给指定的比赛争端委员会,由该委员会考虑当可用球员人数减少到5人以下时的比赛的时间,以及当时比赛的情况来决定比赛结果。

二、比赛官员

世界橄榄球协会应就某些事项或对促成赛会的相关官员进行任命。比赛官员将出席比赛并承担以下职责：

(一)赛会反兴奋剂方案的管理和实施。

(二)《系列赛纪律条例》的管理和执行。

(三)监督、执行裁判职责和其他裁判相关事宜。如主管裁判、助理裁判、极阵裁判、技术区主管和裁判教练。

(四)每场比赛临场的医疗保障。

(五)管理系列赛,通常是世界橄榄球协会任命的赛事总监。

(六)联络官可以担任口译员。

第二节　十五人制比赛的相关规定

下面将以亚洲十五人制橄榄球锦标赛为例,进行相关规定的说明。

一、比赛协定参赛队职责概要

(一)各参赛队有义务遵守相关要求、承担规定的职责,并应确保所有必要的各方人员,特别是所有球队成员通晓有关内容。

(二)参赛队负责由参赛协议划定的在其管理下的所有人员的行为,并对这些人遵守参与条款的情况负责。

(三)对于参赛协会而言,违反任何参赛条款,都可能受到处罚。

二、参与协议

(一)所有参加亚洲橄榄球锦标赛的协会将被要求填写一份参赛协议。

(二)在短时间内退赛。在开赛日前 2 个月内退出锦标赛的协会可能会受到处罚。

(三)洲际级别的比赛。如果多支球队组成赛会制的十五人制比赛(也就意味着当次赛事不止一个比赛日),那么球队可以由 26 名球员+3 名球队官员(其中 1 名必须是受过医疗训练的队医或理疗师),总共 29 人组成。而在比赛日前,根据《世界橄榄球协会条例》规定,23 名球员可以被批准入选比赛日阵容,其中至少有 6 名球员是有前排能力的前锋,并且其球衣号码必须为 1、2、3、16、17、18。任何想要增加队伍人数的参赛队必须自行承担额外产生的费用。

(四)国际旅行费用。远赴客场的球队将获得旅游津贴。该旅游津贴是指亚洲橄榄球协会对参赛队旅费的全部资助,任何超支的旅行费用都将由参赛队自行承担。这笔费用应包括所有人员的往返机票、签证、行李保险等费用。

三、保险

参赛队必须购买适当的保险(急救、住院和医疗保险),保险期限为至少要从出发时间到返回出发地的时间为止,保险范围要覆盖出发国及比赛国。

四、入境签证

参赛队自行办理出入境签证。参赛队可以要求东道主协会发出邀请函以便办理签证,但最终需自行负责及时获得旅行签证。

五、提供两套比赛服装(不同颜色)

除非事先达成协议,否则每支参赛队必须提供两套不同颜色的比赛服装。比赛服装必须按照《世界橄榄球协会条例》第 15 章规定进行编号,号码在比赛的整个过程中必须清晰可见。在比赛服装上的任何广告都必须是符合世界橄榄球标准的。具体可以参考世界橄榄球网站(www. world. rugby. org)上的相关内容。

六、球员和管理人员的信息

参赛队必须向东道主协会提供旅行行程,以及所有球员和管理人员的特殊需求,以便东道主协会帮助参赛队预订酒店住宿、餐饮等,同时完成秩序册/公关/广告和营销用品的印刷。

七、要求训练时间的通知

参赛队应提前告知东道主协会所要求的训练时间,以确保各队训练时间不会发生冲突。否则,训练时间将另行安排,先到先行安排。

八、国旗和国歌

参加队必须将他们希望在比赛中演奏的国歌的版本通过电子邮件发给东道主协会的联络人。该国歌版本不许超过 90 秒,并且与亚洲奥林匹克委员会网站上的版本相同。具体可以参考网页(http://www. ocasia. org/Index. aspx)上的相关内容。

所有旗帜必须符合亚洲奥林匹克理事会网站的协议书。首选旗帜尺寸大约为 6 英尺[①]×4 英尺。具体可以参考网页(http://www. ocasia. org/Index. aspx)上的相关内容。

九、贵宾官员

如果有参加锦标赛的贵宾,参赛队应提前至少两周通知锦标赛主办方联络人。请注意,贵宾身份仅限于协会高层人员,如主席、执委会领导人或委员会成员。

---

① 1 英尺=0. 304 8 米。

十、东道主协会责任概要

锦标赛持续时间界定为从比赛开始前一天的下午(午饭后)到比赛结束后第二天的早餐后(由东道主协会负责费用)。在此期间以外的时间,所产生的额外费用由参赛协会负责。

十一、赛事保险

(一)东道主协会(或其指定的组织者)必须为第三方购买一般责任保险,以防止第三方及其财产在比赛地出现意外损失。

(二)东道主协会如果认为因赛事取消而蒙受经济损失,应考虑为赛事取消而购买保险,并应研究场地租赁协议中的保险条款,以确定提供保险的责任。

(三)不要求东道主协会为其他协会参加比赛或训练的运动员提供任何保险。建议参赛协会为他们的旅行团队购买适当的急救、住院、回国及医疗保险。

十二、国内旅行

(一)各参赛队和所有工作人员前往训练场地和比赛场地的相关“国内差旅”由东道主协会提供。

(二)除非在球队联络官安排或授权的情况下,否则东道主协会不能负责运送球员进出场地以获得医务治疗。

十三、住宿

东道主协会提供和资助住宿,参赛队将按照下列规定住宿。除非事先得到赛事顾问的同意,否则参赛团体不得自行安排住宿。

(一)每支参赛队从比赛前一天到比赛后的第二天,将被安排最多 13 间双人房和 3 间单人房(26 名球员和 3 名球队官员)的最低 4 星级住宿。球员被要求合用一张双人床是不可接受的。

(二)额外球队成员及贵宾官员住宿。每个参赛队负责安排额外的球队成员和贵宾住宿,费用自理。不过,东道主协会将在可能的情况下协助预订。

参赛队可以希望在比赛开始前一天的下午提前到达他们下榻的宾馆。不过,东道主协会将负责所有此类安排和费用,包括但不限于与提前到达有关的交通、住宿和膳食。东道主协会将努力协助各参赛队在提前到达住宿地点并且尽早进入训练场,但不保证客房供应。

(三)宾馆房间规定及遵守其规定。参赛队官员负责其球队的行为,以确保参赛队逗留期间所有宾馆的“房间规定”都得到遵守。如有不守规矩的行为,宾馆有权将相关人员逐出宾馆。

比赛期间特别是决赛当天宾馆将不允许任何不当行为。任何事件都将受到最严肃处理。

(四)账单说明。当到达宾馆时,参赛队领队需要提供信用卡,因为他将负责参赛队在比赛期间的所有费用。

每个球队成员将负责支付个人产生的额外费用(客房服务、个人洗衣、电话、报纸、互联网接入等)。

比赛监督将在比赛开始前两天入住,直至比赛结束后第二天上午离开。

十四、比赛官员

(一)东道主协会将为所有亚洲橄榄球协会任命的官员及其他国外比赛官员提供交通、膳食和最低4星级住宿(普通单人间)。

比赛官员包括:

赛事主管(tournament director);

裁判长(referee manager);

裁判及助理裁判(referees and assistant referees);

裁判监督(performance reviewer);

传唤官员(citing commissioners);

仲裁(judicial officer);

世界橄榄球协会和(或)亚洲橄榄球协会代表;

亚洲橄榄球协会官方摄影师(如果需要)。

东道主协会将为所有国内官员提供适当标准的交通工具、膳食和住宿。

(二)东道主协会将每天为大名单内的参赛队成员和比赛官员提供三顿运动员方便餐,从比赛前一天的晚餐开始,直到比赛后第二天的早餐结束。如果东道主协会提出要求,亚洲橄榄球协会可以提供一个供参考的菜单。东道主协会必须在提供参赛队的房间或餐厅的区域内提供自助早餐、午餐和晚餐。

任何出于宗教或文化原因的特殊膳食要求都应提前至少14天向东道主协会提出,东道主协会将尽量满足这些要求。

十五、场地的要求

需要东道主协会提供符合以下条件的场地。

(一)提供与赛事名声相符的、符合世界橄榄球协会比赛场地地面标准的比赛场地。

球场应根据《世界橄榄球协会条例》进行标示。理想情况是:赛场内两球门之间最大距离为100米,极阵区极阵边线至少为6米,围绕整个比赛围场周边面积的宽度最少为3.5米。然而,对于田径场地,不可能满足上述尺寸,因此,东道主协会可以寻求世界橄榄球协会特许的尺寸,尺寸如下:

球门与球门之间的距离为90米,极阵区极阵边线为5米,比赛面积的宽度为63米,围绕比赛围场周边面积宽度至少为3.5米。这个周边面积还必须应用于在比赛面积的四个角落(因为场地被田径跑道围绕)。对于更长更宽的场地,为了符合必要的至少为3.5米的周边面积宽度,任何临时铺设的周边面积表面必须是天然草皮或符合《世界橄榄球协会条例》第22条的人造草皮。如果人造草皮的任何部分是在比赛面积内(包括极阵区内),它必须完全符合规程要求。

(二)场地必须标示出技术区、临时禁赛区和球员更换区。

在体育场内设置足够大的热身区,或者在与体育场直接相邻的场地设置足够大的热身区;或者是在亚洲橄榄球协会所要求的时间范围内,并在赛事开始前不少于一整天,租用能够保证比赛期间都可以供参赛队按约定自由使用的比赛场地和训练场地。

无论是比赛场地还是训练场地都应按照亚洲橄榄球协会要求的标准进行,竖立所有标志(包括品牌标志);而对比赛场地而言,则需要场地内保持“干净”——完全没有其他非赛事的商业标志。除此之外,场地还需要有必要的安保人员和适当的安保措施。

(三)场地设施及人员。

场地应具备以下最低限度的设施和人员。

1. 所有参赛队伍的更衣室应包括:

(1)理疗床(physio table);

(2)至少 2 个冰浴/桶(并附有交叉感染的警告);

(3)伤口处理及回收遗弃的绷带;处理相关流血伤口用品的临床废物袋;

(4)卫生间和淋浴(配有卫生间)。

2. 一个可以总览整个赛场的单独的观察室或指定区域(远离一般公众),供评鉴裁判、制裁官员使用。

3. 一个可以总览整个赛场的单独的观察室或指定区域(远离一般公众),供传唤官员使用。

4. 配有可控制启停的体育场时钟;帐篷(该帐篷应是有顶棚的,位于比赛场地外且位于比赛场地中线附近)连同下列人员。

(1)竞赛主管(一位受协会委派的并经世界橄榄球协会认定、具备比赛监督资格的人——如没有合适人选担任该职务,则由亚洲橄榄球赛事主管担任竞赛主管)。

(2)此外,还需要协助竞赛主管的志愿者(至少 7 名)。

①计时员;

②协助管理人员;

③数据录入员;

④记录得分球员球衣号码的记录员;

⑤仲裁填表员和递送员(应具有比赛监督经验以协助传唤官和仲裁);

⑥2 名换人裁判(replacement controllers):换人裁判必须持有世界橄榄球 1 级网上技术区管理培训证书,并穿着与之相配的东道主协会或裁判协会圆领衫(polos)或裁判上衣[请注意,亚洲橄榄球协会将委任第 4 官员,该官员将穿着亚洲橄榄球协会裁判服,并且如果赛场上的裁判团队(3 人)有人受伤,第 4 官员将作为替补助理裁判替代第 2 助理裁判]。同时技术区主管(TZM)担任第 4 官员。边线主管(SLM)也可担任第 4 官员。而如果第 4 官员必须一直要担任第 2 助理裁判,第 4 官员也可由竞赛主管(MM)替代。

(3)需要的设备。

①4 块秒表;

②利用笔记本电脑记录比赛记录表、统计表、球员登记表等;

③无线网络(Wi-Fi);

④打印机,足够的墨盒和2包A4纸;

⑤带延长电缆线插座和多孔插排;

⑥8件送水服(2种颜色各4件),2件由每队的送水员穿着,2件由每队队医穿着。

(四)房间需求。

1. 配备符合亚洲橄榄球协会医疗规范的医疗室和(或)医疗区域;

2. 听证或仲裁室(仲裁听证会的房间应由比赛宾馆提供);

3. 反兴奋剂控制室。

(五)媒体设施。

1. 包括有线和(或)无线互联网供媒体使用。

2. 一个为观看比赛而留出的区域和一个为工作媒体而留出的房间或区域,以便从体育场提交每日新闻报道。东道主协会应在必要时向摄影师和记者提供证件和工作服。

3. 东道主协会必须对所有的比赛进行录像摄影。对于纪律问题来说,应在比赛结束后立即将录像交送传唤官员,而在比赛结束后30分钟内全场录像应交送给球队和裁判。

(六)比赛通信支持。

1. 东道主协会必须为裁判提供通信设备,包括至少8台手持移动对讲机,分别提供给裁判组(match panel)、裁判长(referee manager)、执裁评鉴员(performance reviewer)和比赛记录员,以便换人。理想情况下,裁判和助理裁判佩戴的手持对讲机应该是轻便的,并且应该是可以放在背心或腰带上,这些背心和腰带可以穿在他们的服装里边,并且在他们奔跑时不妨碍他们。

2. 东道主协会还应为助理裁判提供2面裁判手旗。

(七)训练设施。

1. 东道主协会应向参赛队提供所需的设施,以协助参赛队准备和恢复训练。包括但不限于以下设施:

(1)不受限制出入的训练场地(队长活动安排在比赛场地内);

(2)配备现代、运行能力强和设备可控制以及开通重量调节的健身房;

(3)游泳池(用于赛后水疗);

(4)会议室(如果下榻宾馆没有免费会议室,此房间费用将由参赛队承担);

(5)适当地提供医疗设施。

2. 东道主协会将向各参赛队提供以下设备:

(1)50个标志盘(marker cones);

(2)6个扑搂包(tackle shields);

(3)在可能的情况下,根据参赛队的要求提供司克兰架(注意:司克兰架不是亚洲橄榄球协会对东道主协会及锦标赛设备的要求)。

十六、反兴奋剂机构

东道主协会将提供符合世界橄榄球协会标准的反兴奋剂设施。反兴奋剂机构是由世界反兴奋剂组织(WADA)或其当地机构承担职责的,该机构只会在最后一刻通知亚洲橄榄球协会他们将参加赛事。

十七、水和冰的供应

（一）热身。在领队会议上确认后，应指定一个专用的热身区（如果合适，可在体育场外）。各队应在指定的热身区热身。赛前热身期间，各队将使用指定的官方用球。在比赛场地，各队配备 6 个扑搂包和 50 个标志盘。参赛队可自备其他器材。

（二）水和冰。在非比赛日，每位球员每天将获得 2 升饮用水，这些饮用水将被送到球队下榻的宾馆。而在比赛日将向参赛队提供额外的饮用水供应（每队提供 4 箱 24 瓶×300 毫升的水），这些水将被送到比赛场地。每位裁判员每天将获得 2 升饮用水或等渗饮料，这些饮料将被送到他们在宾馆的房间。在比赛日整个裁判团队将得到额外的供应(2 箱 24 瓶×300 毫升的水)，这些水也同样会被送到比赛场地。

除此之外，东道主协会应始终提供足够数量的冰以供医疗使用。每个队伍每天都将在训练场地或比赛场地得到定量的冰（亚洲橄榄球协会建议每名球员每天 20 公斤）用于镇定、放松。

具体的分配方案和饮水供应量将在球队领队会议上详细说明。各队领队应该从赛事组织者那里得知球队在哪里可以购买额外的水。

（三）冰浴。东道主协会应在每场比赛后为所有球员提供经严格消毒的、可以进行冰浴的设施，不过保持冰浴设施的清洁是每支球队的责任。东道主协会应在显著位置张贴关于冰中可能交叉感染的“自担风险使用”（use at own risk）警告通知，并提供回收遗弃的绷带和处理相关流血伤口用品的临床废物袋。亚洲橄榄球协会建议比赛日东道主协会分配给每队用于冰浴的冰为 100 公斤。

十八、洗衣规定

东道主协会将在每场比赛结束后为每位球员支付 1 件球衣、1 条短裤和 1 双袜子的洗衣费（如果必须穿 2 套不同的比赛服，那么这 2 套比赛服都要清洗），但在最后一个比赛日后，所有个人物品的洗衣费必须由球员个人或其所在球队支付。洗衣条款的更多细节将在球队领队会议上确定。

十九、联络员

（一）球队联络员

东道主协会将为每个参赛队提供一名球队联络员。每名联络员能够流利地用东道主的语言或英语进行沟通，或（在可能的情况下）用参赛协会的语言进行沟通。联络员将负责确保在比赛期间满足球队的合理要求，满足球队的一般利益享有的福利，并为训练和比赛日的行动做出一切必要的安排。

（二）比赛官员联络员

东道主协会将提供一名比赛官员联络员，从第一位比赛官员到达机场时起，该比赛官员联络员将负责照料比赛官员的需要，为比赛官员联络住宿、膳食和交通工具，并确保在比赛期间满足比赛官员的合理要求。

二十、赛事秩序册

东道主协会应编制一份纸张规格为236毫米(高)×168毫米(宽)的A5赛事秩序册,秩序册的具体设计由东道主协会决定。亚洲橄榄球协会将提供必须在秩序册中出现的内容给东道主协会,其中包括亚洲橄榄球协会主席信息、照片及签名;赞助商广告、徽标和名称。

(一)营销活动。东道主协会必须在赛事的营销方面付出合理的努力。亚洲橄榄球锦标赛项目的充分营销是亚洲橄榄球成功举办的一个标准。每个东道主协会将至少利用现有的内部渠道在其橄榄球群体内宣传这一赛事,并探索社交媒体营销和其他线下营销的举措,这应包括在赛事筹备期间至少举办一次新闻发布会。亚洲橄榄球协会强烈推荐以在线广告(付费广告与印刷或电视媒体结成合作伙伴)为主要方式进行营销。

作为一般标准,应开展以下宣传活动:

1. 向当地的橄榄球俱乐部和群体发布赛事信息。

2. 在可能的情况下,在东道主协会网站和比赛场馆网站上发布比赛与系列赛标志。

3. 为赛事抽签或参赛队公告而举办赛前新闻发布会。

4. 邀请当地媒体参加活动。

5. 及时在协会网站上发布所有新闻材料。

6. 在赛事筹备期间以及赛事进行期间,通过社交平台及免费或付费媒体对赛事进行合理宣传。

7. 邀请当地电视台广播公司报道赛事(至少在新闻发布会及赛事当日的晚间新闻予以报道)。

8. 尽一切合理的努力向当地媒体和外界(非橄榄球爱好者)观众宣传赛事比赛日球迷参与和体验活动。

(二)赛事晚宴。通常应在赛事结束后为所有参赛人员提供比赛晚宴。这一活动是为了向所有协会提供一个交换纪念品和表示感谢的机会。

(三)证件。赛事通行证(视情况而定)将提供给已递交亚洲橄榄球协会及赛事组织者的参赛名单上提名的正式参赛队成员。参赛队领队必须确保所有球队成员在进入训练场地、比赛场地和其他区域时都佩戴正式的通行证。所有不在比赛围场内的非球队成员必须在比赛场地内始终佩戴他们的通行证,否则将被拒绝进入比赛场地内的安全区域。

(四)奖杯和奖牌。东道主协会将为参赛者准备奖杯和奖牌,并承担其费用。

二十一、亚洲十五人制比赛相关规定

所有比赛都应当按照世界橄榄球协会制定的现行比赛规则进行。如果在解释上有差异,则世界橄榄球协会比赛规则、世界橄榄球协会手册及本赛事手册的英文版本应是最具权威的解释。

(一)比赛用球。所有亚洲橄榄球锦标赛项目使用的比赛用球必须是正式的官方赞助商提供的比赛用球。东道主将不需要为比赛提供其他的比赛用球或训练用球。

(二)资格。根据《世界橄榄球协会条例》有关比赛的规定,如果一名球员在该国出生;该球员父母的一方或祖父母中的一方在该国出生;在比赛前已在该国连续住满36个月或在参加比赛前已累计居住满 10 年，那么该名球员即可代表该国参赛。每个参赛协会都有责任确保其球员符合本条例的要求。完整的规程和指导方针可以在世界橄榄球协会的网站上找到。

（三）年龄。按年龄分为以下几种情况。

1. 19 岁以下球员参加比赛

19 岁以下的球员通常不应参加成人橄榄球比赛（特指：由 19 岁或 19 岁以上的人组成的队伍所进行的橄榄球比赛），因为精英成人橄榄球比赛（特指：以国家和地区为单位的协会代表队之间所进行的橄榄球比赛，高级俱乐部、省、州和其他分会或关联协会之间所进行的跨境橄榄球比赛，以及协会在其领土内可以决定的其他英式橄榄球比赛为精英橄榄球比赛；并且，精英成人橄榄球通常由 19 岁及 19 岁以上的人组成的队伍所进行的精英橄榄球比赛）的强度以及精英成人橄榄球运动员的身体素质和体能并不是未满 19 岁的球员可以承受的，同时对一名未满 19 岁的球员来说，其可能无法掌握精英成人橄榄球特有的规程和协议，以及缺乏精英成人橄榄球运动员通常可以获得的专家专业的建议和帮助。

2. 19 岁以下球员担任前排位置

由于前排不同于其他位置的特殊性质，19 岁以下的球员参加的不同级别的亚洲橄榄球锦标赛将适用不同标准。

通常情况下，19 岁以下球员不应该担任前排球员，除非满足以下条件：

（1）球员本人书面同意在成人精英橄榄球比赛中担任前排球员，并承担与可能更强壮、身体更发达的成年人一起比赛的任何相关风险。

（2）医生书面确认该球员了解精英成人橄榄球比赛的要求。这需要让该球员知道担任精英成人橄榄球比赛前排球员所需的身体条件，而这一过程需要肌肉－骨骼评估以及其他评估结果的支持。

（3）医疗官员书面同意，还要了解该球员所在的国内协会雇用或聘请球员参加精英成人橄榄球比赛的要求。由教练让该球员知道精英成人橄榄球前排球员应具备必要的技能和经验，之后书面确认该球员有资格担任前排。

（4）如果有必要的话，还要让该球员获得所在的国内协会或拥有管辖权的机构出具的许可。

3. 19 岁以下球员担任前排以外的位置

19 岁以下的球员不应该参加亚洲橄榄球锦标赛，除非获得下列资料：

（1）球员本人书面同意参加精英成人橄榄球比赛，并承担与可能比他更强壮、身体更发达的成年人一起比赛的任何相关风险。

（2）父母或合法监护人的书面同意。

（3）医生书面确认该球员了解精英成人橄榄球的要求。这需要让该球员知道担任精英成人橄榄球比赛前排球员所需的身体条件，而这一过程需要肌肉－骨骼评估以及其他评估结果的支持。

（4）医疗官员书面同意，还要了解该球员所在的国内协会雇用或聘请球员参加精英成人橄榄球比赛的要求。由教练让该球员知道精英成人橄榄球前排球员应具备必要的技能和经验，之后书面确认该球员有资格担任前排。

(5)如果有必要的话,还要让该球员获得所在的国内协会或拥有管辖权的机构出具的许可。

4. 19 岁以下球员参赛材料的保存

运动员所在的国内协会必须完整地永久保存获得的与每名 19 岁以下前排球员有关的参加精英成人橄榄球比赛的协议和相关记录,以备世界橄榄球协会随时查阅。

(四)技术区。根据世界橄榄球比赛实施的相关程序,两个不得超过 10 米×3 米的技术区域将在地面上被标示出来,并且这两个区域距离中线至少 5 米。以下人员是仅有的获准进入技术区的工作人员(非球员):

1. 球队医生;

2. 教练或物理治疗师;

3. 2 名送水员(主教练不可以是送水员);

4. 2 名医务人员。

2 名医务人员中只允许其中 1 名沿着技术区的一侧边线移动并随时介入比赛,而另外 1 名医务人员则被允许沿着技术区的另一侧边线移动并随时介入比赛。需要注意的是,这 2 名医务人员不可以同时处在技术区外的同一侧边线附近。在实际可能的情况下,医务人员必须位于广告牌之外。医务人员可以随着比赛进程而巡回,但必须充分顾及运动员、比赛官员、观众、播音员和商业伙伴的需要和权利。根据比赛规则,医务人员可以在运动员受伤时的任何时候进入赛场。他们不得阻挠、干涉或针对比赛官员发表评论。

(五)送水员。在整个比赛过程中,2 名送水员除了给球员送水或把踢球座带给踢球的队友外,其余时间必须一直留在技术区内。送水员在达阵得分后执行追加射门期间可以进入赛场,但在执行罚踢时不能进入赛场。当比赛因受伤而暂停时,送水员和医务人员也可以进入赛场。

在送水员不可以进场的时候,场上球员也可以到靠近技术区的边线来取水。

(六)人员角色。除球员之外,在技术区内的其他人员必须穿着赛事监督(match commissioner)提供的服装。在任何情况下,替补球员(或被替换后离场的球员)都不可以进入比赛区域。

(七)技术区管理。第 4 和第 5 官员负责确保技术区的规则得到遵守。如果违反了这些规则,比赛监督可以召集比赛官员,然后他们可以将发生的情况报给当值裁判。裁判可以警告任何违规者,或有权决定将违反规定的人员驱逐出比赛围场。除此之外,裁判对任何违反规定的行为都可向指定的纪律官员报告,该纪律官员有权根据《世界橄榄球协会条例》第 17. 21 条对有关协会和(或)个人进行调查并对其不当行为提出投诉。如果任何人因违反相关规定而被逐出比赛围场,当值裁判必须向指定的纪律官员报告,而该纪律官员有权根据《世界橄榄球协会条例》有关内容对相关协会和(或)个人进行调查并提出不当行为投诉。

(八)球员短暂禁赛。

1. 当一名球员被短暂禁赛(得到黄牌)时,该球员将被安置在指定的受罚席区域,该区域不能在技术区域内,并且在短暂禁赛期间该球员必须留在该区域内,但受罚结束前 1 分钟的热身时间除外。

2. 球员可以得到水和用于保暖的衣服。如果中场休息发生在短暂禁赛期间,球员可以去他的球队更衣室,但当下半时比赛开始时,在短暂禁赛剩下的时间内必须直接回到受罚席。

3. 在被短暂禁赛的球员返回赛场之前,允许其有 1 分钟的热身时间。

(九)替补球员的管理。

1. 球员替换过程的管理是由第 4 和第 5 官员来负责的。只有在第 4 或第 5 官员通知裁判并得到裁判认可后,替补球员才能进入比赛场地。

2. 当某队要替换球员时,该队领队或代表球队进行球员替换的人必须向第 4 或第 5 官员递交一份填写完整的换人名单,清楚地表明离开赛场的球员的球衣号码,离开赛场的原因,以及替补球员的球衣号码。

3. 第 4 或第 5 官员将陪同替补上场的球员在中线的边线处等待进场,只有被替换的球员正在往边线、极阵边线、死球线明显地移动,即将离开赛场时,才会让该替补球员进入赛场。

4. 如果离开赛场的球员受伤,需要医务人员护送离开比赛场地,替补球员可以在离开赛场的球员越过边线、极阵边线、死球线之前被允许进入赛场。在这种情况下,当第 4 或第 5 官员向替补球员示意时,他们便被允许进入赛场。

5. 在比赛过程中,不管出于何种原因如果一队有 15 名以上的球员在赛场上,第 4 或第 5 官员将与裁判联系并告知裁判该情况。裁判将适用《世界橄榄球协会条例》第 3 条,要求违规球队的队长将额外的球员从赛场上带离,并将判给非违规队罚踢。

(十)团队规模。

1. 所有级别的比赛中,各队将有权指派下列人员参加赛事:最多 26 名选手(亚洲橄榄球锦标赛级别赛);最多 3 名球队管理人员(其中 1 名必须是经过适当的医学培训且考核合格的队医)。

2. 如果有任何额外的管理人员,包括组成一个团队的医务人员或教练人员,这将由该参赛队单独负责。规定人数外的额外人员的所有费用,包括旅行费、住宿费、膳食费和所有的赛事安排的费用,都将由该参赛队承担。

3. 参赛队额外管理人员的姓名和职责必须在参赛队出发之前事先通知赛事主管和东道主协会。对于额外的参赛队管理人员,东道主协会可能会给予也可能不会给予与其他规定内成员相同的地位,具体结果需要由赛事主管来确认。

(十一)参赛队报名。

1. 参赛队领队必须提前 7 天提交参赛队(最多 26 名球员)参加赛事的正式球员同意书。包括球衣号码(1~23)的参赛队报名表最好在第一场比赛前 72 小时提交,最晚则需要在参赛队领队会议上提交。

2. 对于国际比赛来说,首发球员应按如下顺序安排球衣号码,见表 2-4:

表 2-4　十五人制英式橄榄球首发球员号码

松头支柱(loose head prop)	1号
勾球员(hooker)	2号
紧头支柱(tight head prop)	3号
左锁锋(left lock)	4号
右锁锋(right lock)	5号
左翼前锋 (left flanker)	6号
右侧前锋(right flanker)	7号
8号(number eight)	8号
传锋(scrum half)	9号
接锋(fly half)	10号
左边锋(left wing)	11号
左正锋(left centre)	12号
右正锋(right centre)	13号
右边锋(right wing)	14号
最后卫(full back)	15号

3. 如果参赛队在最后一次提交报名表之前将一名球员送回国(无论出于何种原因),则参赛队可将另一名符合条件的球员加入大名单中,费用由参赛队承担。

4. 在每场比赛开始前不迟于60分钟,参赛队领队必须提交其参赛队由首发15名球员和最多8名替补球员组成的正式比赛大名单。

(十二)球员更换。

1. 每场比赛每队场上球员不得超过15名。

2. 球员可以因受伤而被替换。

3. 每队可以报名的替补球员不得超过8名。

4. 每队最多可以替换8名球员。

5. 允许临时替换流血受伤的球员。

6. 因伤被替换的球员不能在同一场比赛中重新参与比赛。

7. 因战术理由而被替换的球员只能再替换以下球员上场:

(1)1名受伤的前排球员;

(2)1名流血受伤的球员;

(3)接受脑震荡评估的球员;

(4)经裁判确认因暴行而受伤的球员;

(5)《世界橄榄球协会条例》第3.19条或第3.20条所述的报名的(前排)球员。

只有得到裁判的许可,并且在比赛出现暂停时,才可以替换球员。在任何一场国际比赛中,每个协会都要求挑选3名专业的前排替补球员。这些前排替补球员的编号通常为16

号、17 号和 18 号。其他替补球员的编号必须从 19 到 23 编号，前锋的编号在后锋的前面。前锋替补球员（包括 16 号、17 号和 18 号）应当按照前排到第 8 号的顺序排列出现。后锋替补球员应该按照从传锋到最后卫顺序排列出现。

（十三）替换受伤球员。

1. 一旦比赛开始，如果有球员受伤，以至于不能继续参加比赛，在经赛事的医疗官员和赛事主管确认后，该队可以调派 1 名替补球员。

2. 参赛队可以从自己的后备队（费用自理）提名 1 名球员，该球员必须在该队向赛事主管或其提名的代理人提交医疗更换证书并获得批准满 24 小时，才被允许参与比赛。该替补球员将使用受伤球员的房间，如果需要入住额外的房间，则住宿费用由参赛队承担。

3. 参赛队替补球员的协调和注册应通过赛事主管或其提名的代理人来办理。如果球员在情有可原的情况下离开赛会，例如亲人去世，那么受影响的球队在征得赛事主管同意后，也可以申请替换该球员。

4. 更换和送返球员回国的费用将由参赛队承担。

5. 参赛队必须确保这笔费用由球员的健康和旅行保险支付。

（十四）团队拍摄比赛。除下文另有规定外，参赛队和参赛球员无权在比赛场地、训练场及针对其他活动进行拍摄录制，也无权为拍摄录制提供方便。允许 1 名获得认可的个人拍摄其球队参加的比赛，基本条件如下：

1. 只能用手持摄影机进行拍摄。

2. 球队不得使用 2 台以上的摄影机。

3. 拍摄比赛的个人将遵守赛事主管的所有指示。

4. 该场比赛录像的副本不得多于 1 份。

5. 该场比赛录像只能用于球队内部训练的非公开会议，而不得用于任何商业目的。

6. 录像的全部或其中的任何部分均不得以任何形式向其他公众，或以任何广播形式展示或传播。

7. 拍摄只能在分配的球队座位上进行，或在赛事主管的指示下进行。

8. 所有参赛队都将获得他们所参加的每一场比赛的录像资料。如果可能的话，参赛队将有机会通过访问广播输出的形式观看现场比赛。

（十五）裁判与参赛队会晤。所有与比赛裁判的会晤必须经由裁判长同意，在比赛暂停期间（包括中场休息期间）进行。教练或其他球队管理人员不得私下与比赛官员沟通。任何试图与比赛官员沟通的行为都将被视为不当行为，并将由比赛官员向纪律检查特派官员（DDO）、有关协会和（或）国际赛事组织者或其他赛事组织者报告。

（十六）世界橄榄球协会运动行为守则。

1. 所有参赛协会、球员、其他团队成员和其他以官方身份参加比赛的人员：

（1）必须确保比赛是按照纪律要求通过符合该项目精神的行为来进行的，仅仅依靠比赛官员来维持这些原则是不够的。

（2）各方须通力合作，以确保比赛规则的精神得到维护，并严格控制选手的暴力违规行为。

（3）任何球员及非球员都不得重复违反比赛规则。

(4)各方须严格遵守《世界橄榄球协会条例》第 17 条的规定,尊重裁判、巡边员、比赛官员和所有其他橄榄球纪律机构的决定。

2. 包括球员在内的参赛队人员不得对裁判或巡边员处理比赛的方式公开发表评价。

3. 不得对委员会或任何其他橄榄球纪律机构处理或解决因违反补充规则、规程,或比赛规则而引起的任何争议或纪律事端的方式公开发表评价。

4. 不得在场内或场外有任何可能损害公众对比赛、巡回赛、锦标赛或系列赛诚实有序进行的信心的行为或活动(包括但不限于直接或间接向博彩公司或利用这些信息谋取利益的人提供与比赛有关的信息)。

5. 不得违反《世界橄榄球协会条例》第 6 条(关于赌博规定)。各方都应提高比赛的声誉,并采取一切可能的措施,以防止其声誉受损。

6. 不得违反《世界橄榄球协会条例》第 21 条中规定的反兴奋剂规定。

7. 不得在赛场内外辱骂、威胁、恐吓裁判、巡边员和其他比赛工作人员。

8. 不得对裁判、巡边员、其他比赛工作人员和观众使用粗鲁、侮辱性的语言和手势。

9. 不得以宗教、种族、性别、性取向、肤色或民族或族裔血统为由,而做出任何可能恐吓、冒犯、侮辱或歧视他人的行为。

10. 不得做出任何对橄榄球比赛、理事会、会员协会(分会)或比赛的商业伙伴产生不利影响的行为。

11. 每个协会和分会都有义务遵守并确保其成员遵守本行为准则,并采取相关行动,监督其管辖范围内的个人遵守本行为准则和确保因违反本行为准则而得到处罚。

第三节　防护装备及衣着指导方针

英式橄榄球运动在各个年龄阶段都在迅速发展,其他运动和活动也在不断扩大。运动员和教练员正在从这些其他的运动中学习新的技术和技能。但伴随而来的是一些在英式橄榄球运动中不允许的防护装备。本节旨在澄清英式橄榄球运动中允许和不允许的衣着,以及在使用其他装备时需要注意的事项。

一、七人制、十人制、十五人制橄榄球比赛没有区别,违规就是违规

如果关于装备有任何问题,可以通过世界橄榄球协会的网站寻求相关问题的答案。了解某个物件是否被允许的总指导方针是:用任何硬塑料或任何金属制成的物件都是不允许的。这点对于男女球员的规定不同,但差别很小。女运动员允许佩戴胸垫,但男运动员不被允许。

请各方都不要放松对禁止佩戴的物件的要求,所有禁令都是为了保障运动员的安全。如果一个运动员不能在没有被禁止的物件情况下参与球类运动,他们就不应该打冲撞式橄榄球,直到他们健壮到足以不用佩戴这些物件才可以再参加英式橄榄球比赛。每名球员和教练都应对识别被禁止物件负有责任。

而裁判则是保护各方球员免受违规装备伤害的最后一道防线。在比赛场上发现的任

何违规穿戴行为都将按规则要求进行判罚。

二、世界橄榄球协会禁止佩戴的物件

(一)球员不得穿戴染有血迹的任何物件。

(二)球员不得穿戴尖锐、表面粗糙的任何物件。

(三)球员不得佩戴含有扣子、夹子、环圈、铰链、拉链、螺钉、螺栓、坚硬材料或橄榄球规则不允许的其他突出物的装备。

(四)球员不得佩戴如戒指或耳环等珠宝首饰。

(五)球员不得戴覆盖整个手指的手套。

(六)球员不得穿缝有护垫在内的短裤。

(七)球员不得穿戴任何其他不符合世界橄榄球协会规定的衣着(《世界橄榄球协会条例》第 12 条)。

(八)球员不得穿戴任何世界橄榄球协会规定通常允许,但在裁判看来可能会对球员造成伤害的装备。

(九)球员不得在其比赛服或身体上佩戴通信设备。

(十)球员不得穿戴未经批准的女运动员特别附加装备。

(十一)胸垫必须带有世界橄榄球协会批准的标志。

(十二)棉混纺的腿内侧有缝线的长裤,必须穿在短裤、袜子和比赛用鞋的里面。

三、穿在比赛服里面的衣着

(一)只要肋部、臀部、背部或胸部没有护垫,无袖内衣是可以穿着的。

(二)只要没有护垫,内裤是可以穿着的,但裤腿必须在膝盖以上。

(三)大多数护垫不适于英式橄榄球,它通常有硬塑料的特点,而且覆盖面超过允许的范围。

(四)缝在内裤/紧身裤的任何类型的保护大腿、臀部的护垫都是不允许的。

(五)胸部护垫只适用于女运动员。

(六)只在肩膀和上臂带有护垫的英式橄榄球专用内衣是允许穿着的。胸部带有护垫的英式橄榄球专用内衣通常适用于女运动员。

(七)内裤通常不长于橄榄球短裤,允许的最大长度不能超过膝盖。

四、打底衣和紧身裤

(一)短袖和长袖的打底衣允许穿着在橄榄球球衣之内;如果打底衣袖子的长度超过了橄榄球上衣袖子的长度,则衬衣必须紧贴在运动员的胳膊上(如同一件紧身衣)。

(二)在英式冲撞橄榄球比赛中,打底衣不可以带有兜帽。

(三)在男子和女子英式冲撞橄榄球比赛中,在任何情况下都不允许穿着任何长款运动紧身裤。这包括在人工草地或天然草场地,以及在任何气温和天气条件下进行的比赛。运动紧身裤可以成为一种竞争的优势。

(四)可以穿紧身内裤,但超过膝盖是不允许的。

(五)只允许女运动员因宗教信仰而穿一件纯棉并在内侧缝接的紧身衣。如果有女运动员希望在比赛中穿着这类紧身衣,她们必须告知裁判,并允许裁判目视检查衣着。

五、加固和保护

(一)用护垫覆盖膝关节并以塑料或金属铰链予以加固是不允许的。

(二)用具有金属和塑料特征的材料加固膝关节是不允许的。这也适用于用护垫或胶带覆盖膝关节并用金属或塑料予以加固的情况。通常为了方便争边球托举,使用软材料或使用氯丁橡胶加固膝关节是允许的。

(三)用塑料或金属制成的护腕是不允许的。

(四)使用任何具有金属特征的护踝加固踝关节都是不允许的。用 ASO 类型的带子绑扎或氯丁橡胶与有限的硬塑料加固是允许的,但是这样的护踝应该穿着在袜子内。此外,护踝不能高过胫骨长的 1/3。如果护踝是硬质的,则只能由金属以外的材料制成。

六、肩膀加固

(一)只允许用软织物加固肩膀;任何具有塑料、带扣、铰链或金属特征的装备对橄榄球比赛来说都是不安全的。

(二)在英式冲撞橄榄球比赛中任何类型的眼镜和运动护目镜都是暂时不允许佩戴的。

世界橄榄球协会已开始对英式橄榄球护目镜进行试验,以研究它们在英式冲撞橄榄球中的使用情况。任何英式橄榄球运动员都可以申请参加试验(http://playerwelfare. worldrugby. org/goggles)。

一旦被批准参加试验,运动员必须佩戴通过世界橄榄球协会的网站购买的并印有他们批准标志的护目镜。

(三)手臂覆盖物。无论天气如何,全指手套是不允许佩戴的。球员可以佩戴盖腕露指手套。手套内不能含有护垫。

七、前臂保护物

前臂保护物是允许佩戴的,但必须是英式橄榄球专用的。任何其他类型的前臂保护物都是不允许佩戴的。

八、面部和头部防护物

(一)任何种类的面部和头部防护物都是不允许佩戴的。

(二)当头部防护物具有世界橄榄球协会批准的标志时,则是允许佩戴的。

(三)其他运动如摔跤、足球、美式橄榄球、曲棍球、棍网球的头盔是不可以佩戴的。

九、护齿

(一)每个运动员每次打英式冲撞橄榄球时,都应该佩戴护齿。市场上有几种护齿适用于运动员在英式橄榄球比赛时佩戴。舒适和防护应该是选择护齿的关键。

(二)护齿不应该有任何部分延伸到嘴外,比如美式橄榄球的护齿有与头盔的连接物。

十、球鞋

由于英式橄榄球比以往任何时候都更加多样化,这些装备可能有很多命名方式——防滑鞋、靴子、鞋子等。对于各方人员请务必熟悉关于球鞋的使用规则。裁判应当以统一的标准随时检查球员的比赛用鞋是否符合规定,尤其是是否有尖锐的鞋钉。在鞋底前端有单一材料的鞋钉是合法的。

十一、不得有任何金属锋刃

(一)像美式橄榄球那样将由多种材料组成(部分金属和部分塑料)的鞋钉固定在鞋底上是不可以的。拧在鞋底上的鞋钉要么是由金属制成的,要么是由塑料制成的。

(二)在足球、英式橄榄球、棍网球的比赛中,带有模造塑胶鞋钉的鞋子是允许使用的,即使这些鞋的鞋底前端有单一材料的鞋钉,也不必去除。

(三)只要拧在鞋底的鞋钉是由单一材料(塑料或金属)制成的,就允许使用。

(四)带有边缘的模造足球鞋是允许的。

(五)只要鞋钉的长度符合规定并且鞋钉是由单一材料制成的,任何品牌的橄榄球鞋通常都是允许的。

十二、附加物件

(一)手镯和珠宝。所有类型的手镯必须在参加英式橄榄球比赛之前摘除。

所有在身体上穿孔佩戴的饰物和珠宝在参加英式橄榄球比赛之前都必须完全摘除。运动员不允许用胶带裹在穿孔佩戴的饰物或珠宝上。

(二)头饰物件。头发上任何类型的金属物件在英式冲撞橄榄球比赛中都是不允许佩戴的。在英式橄榄球比赛中,只有编织发带被允许用于绑扎头发。即使是在英式橄榄球防护帽的下面,金属发卡或发箍都是不允许佩戴的。

(三)护膝。护膝是不允许佩戴的,除非护垫压缩前厚度不大于 5 毫米。

(四)大腿护具。不许佩戴大腿护具。运动员可以将一小块护垫用胶带绑扎在大腿上,目的是在争边球中有利于举托,这个护垫未压缩前厚度不得超过 5 毫米。

(五)假肢。在英式橄榄球比赛中是不允许佩戴假肢的。

第四节　装备规格要求

一、球队装备和服装的规格

(一)参加系列赛的球员用于比赛的所有服装和装备必须遵守成套装备指南所规定的规格和《世界橄榄球协会条例》第 11 条的规定。这些规格涉及在赛会比赛场地中穿着的所有服装,包括媒体采访。此外,球队全套服装及装备上的任何广告均应始终遵守当地法律,包括有关赌博、烟酒等受管制行业的广告标准。

（二）标志的指定尺寸应通过在标记轮廓上画一个方框来计算，并在方框内计算包括全部镂空区域。

（三）球员衣着前后的广告标志均可以分成两个广告标志，只要广告标志的总量符合规定的最大尺寸限制（即前面的总面积最大为300平方厘米，后面的总面积最大为180平方厘米）。广告标志没有必要相同。

（四）球员的号码及姓名可能会在上述球队全套服装的任何物品（袜子除外）上出现。该号码必须在球员球衣的背面清晰可见。

（五）在国际比赛中允许由运动员和比赛官员在比赛围场上穿戴的打底衫、护肩和护胸垫以及比赛用鞋上显示的标志和规定的位置，须受以下规定的限制：

1. 制造商标志不得超过25平方厘米。严格按照规定，只能在单个物件的规定位置放置一个，并且在球衣和短裤外观看不到其他徽标。

2. 球员不得在打底衣物以及护肩或护胸垫两者一起穿着时，明显可见两个制造商的标志。这些装备上总共只能明显显示一个制造商的商标，多余的要被遮盖。

3. 打底短裤不得延伸至膝盖的下方。打底裤必须为黑色，或者分别与穿着的上衣或短裤的主要颜色相同。

4. 不得在打底衣物以及护肩垫和护胸垫上显示其他标志。

5. 制造商标志、名称及图案可显示在比赛用鞋上。球员指定的名字、姓氏或姓名首字母，国际比赛头盔上的号码，以及球队队徽、国旗可以在每只比赛用鞋上显示一个。比赛用鞋上不得显示其他商标，包括商业名称、广告标志、社交媒体标识符或其他类似标志。有关徽标、商标、徽章和服装名称的规则章程的详细信息，请参见世界橄榄球协会的网站中的规定。

6. 球队全套服装示意图和比赛服上衣样品的规定：参加比赛的协会应在抵达比赛地前至少21天提交比赛全套服装（上衣、短裤和袜子）的电子设计示意图，以及赛会中将穿着的任何运动服或其他物品。通过此提交和批准过程，可以识别出参赛队的服饰是否符合参赛条款，从而避免因为比赛服不合规所引发的争执。

二、球队全套服装保险

参赛协会或参赛队的成员应在赛会期间自行安排或承担保险费用，以防丢失球队全套服装以及所有个人行李和财物（包括金钱）。参赛协会负责确保所有此类保险均有效。

三、赛场展示

（一）球员必须穿着其国家队服参加比赛。赛会开始之前，该套队服必须在赛事总监处进行注册。球队中的所有球员必须穿着相同的上衣、短裤和袜子，其标准与国际橄榄球比赛的声望相同，并且要遵守《世界橄榄球协会条例》的规定。

（二）在球衣颜色冲突的比赛中，按规定一支球队必须穿着另一套上衣、短裤和袜子，且此套服装必须是在赛前注册过的。

（三）如果全套服装使用了条状、格子图案或任何其他图案，那么该套服装应具有一种主要的颜色，而且该主要的颜色应在整套服装中均得到反映。另一套替代的全套服装应具有一种主要颜色且与此套服装颜色对比鲜明。

（四）若比赛服装有颜色冲突，则由赛前规定确认哪一队更换球衣，如果没有规定，则由赛事主管确定。

（五）近年来一些七人制比赛，比如国际系列赛都已放宽对球衣号码的限制，但在此仍有必要说明，在一般比赛中参赛队的所有球员仍将按 1～13 号来分配比赛服号码。一旦分配了号码，球员将在比赛期间始终使用该号码。号码必须具有足够的尺寸和合适的设计，如果印在彩色上衣上，号码最好是白色；如果印在白色上衣上，号码最好是黑色，以便看台上的现场解说和摄像机能清楚地辨认出来。请注意，如果球衣采用环圈或图案设计，则数字必须带有白色背景和边框，以确保可以清楚地识别运动员。另外一套上衣也必须清楚地标示出号码 1～13。

（六）对于七人制核心球队还有一条非强制性的特权，那就是核心球队每位球员在系列赛期间参加的每场比赛都可以在上衣上清楚地缝上或印上自己的姓氏。而对于备用上衣，不必在上衣上印有球员的名字，只需印有编号即可。

四、装备尺寸说明

除规定的装备以外，球员禁止穿着任何未压缩状态下厚度超过 5 毫米或密度大于 45 千克/立方米的装备。此处的厚度是指未压缩状态下装备的衬垫及表面织物的总厚度。装备的衬垫每一面的表面织物的厚度最多为 1 毫米。

（一）护胫

运动员可以在袜子外戴护胫。护胫可以采用非刚性织物制成的衬垫，衬垫厚度在压缩前不超过 5 毫米。

（二）无指手套

1. 手套主体应是由软橡胶或合成材料制成的紧致弹性面料，厚度不超过 1 毫米。

2. 手套不可以有纽扣或其他具有潜在危险性的配饰。

（三）护肩

1. 球员可以穿着由柔软且薄的材料制成的护肩，如果护肩只覆盖肩部及锁骨，则可以附着在内衣（undergarment）或球衣（jersey）上。在未压缩状态下，护肩的任何部位的厚度都不能超过 1 厘米。护肩垫的任何部位材料密度都不能超过 45 千克/立方米。

2. 护肩不允许使用带有夹层的泡沫衬垫。

3. 护肩填充材料允许覆盖胸锁关节、肩锁关节和盂肱关节，并从颈部到上臂最多延伸 2 厘米。具体图示如图 2-2 所示。

4. 胸锁关节的最大覆盖长度可以达到 60 毫米，颈后最大覆盖长度可以达到 70 毫米。厚度 10 毫米（加 2 毫米容差范围）加上衬垫每个面 1 毫米的表面织物。表 2-5 列出了上图所示“*A*”区域的最大尺寸。除规定的覆盖区域外，护肩垫所覆盖的其他区域不需要满足规定，所有衬垫材料的密度不得超过 45 千克/立方米+15 千克/立方米容差范围。

图 2-2　英式橄榄球护肩允许填充材料的区域

表 2-5　图 2-2 中“A”区域允许的最大尺寸

尺码	A(最大尺寸)	
	单位:毫米	英寸
XS	175	7
S	200	8
M	230	9
L	250	10
XL	300	12
XXL	350	14

5. 护肩垫可以缝制或插进内衣或球衣中间。如果必要的话,可以使用黏性胶带将配有护肩垫的内衣固定在身体上。

垫肩的尺码依据使用者的胸围而定,见表 2-6:

表 2-6　垫肩尺码

单位:厘米(英寸)	XS	S	M	L	XL	XXL
男士胸围	91 (36)	96.5 (38)	102 (40)	107 (42)	112 (44)	117 (46)
女士胸围	81 (32)	86 (34)	91 (36)	96.5 (38)	102 (40)	107 (42)

(四)头盔

1. 球员可以佩戴由柔软且薄的材料制成的头盔。在未压缩状态下,头盔的任何部位厚度都不能超过 1 厘米,任何部位材料密度都不能超过 45 千克/立方米。

2. 头盔必须覆盖:头顶(crown)、太阳穴(temple)、前额(forehead)和耳朵。头盔最大厚度为:衬垫厚度 10 毫米+2 毫米容差范围,再加上衬垫每个面 1 毫米的表面织物。

3. 除了规定的覆盖区域外,头盔所覆盖的其他区域不需要满足规定,但必须由软泡沫或皮革制成且厚度不超过5毫米。此处的厚度是指未压缩状态下的衬垫及表面织物的总厚度。衬垫每一面的表面织物的厚度最多为1毫米。

4. 所有衬垫材料的密度不超过45千克/立方米+15千克/立方米容差范围。

5. 头盔具体尺寸如表2-7和图2-3所示。

表2-7　头盔尺码及尺寸

尺寸 单位:毫米	XXS	XS	S	M	L	XL	XXL
B	56	58	63	70	75	75	75
C	81	85	89	97	104	106	108
D	132	136	140	147	155	158	160
E	50	50	50	50	50	50	50
F	>25	>25	>25	>25	>25	>25	>25
G	25～30	25～30	25～30	25～30	25～30	25～30	25～30

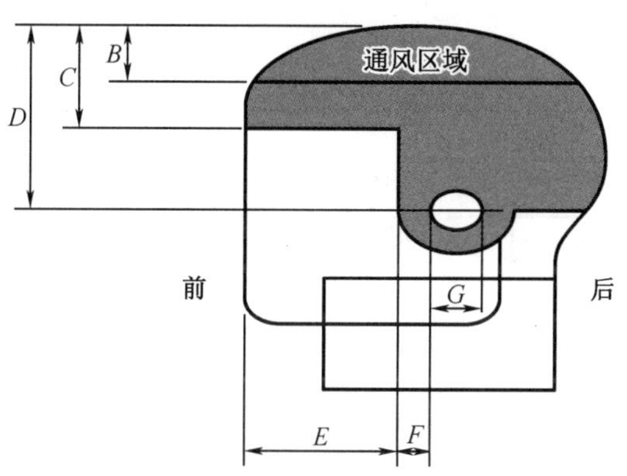

图2-3　头部尺寸

头盔应能提供足够视线:水平视域,沿纵向垂线(longitudinal vertical line)每侧至少105°;垂直视域,顶面(apex plane)上方25°;顶面下视线应不受阻碍。如图2-4和图2-5所示。

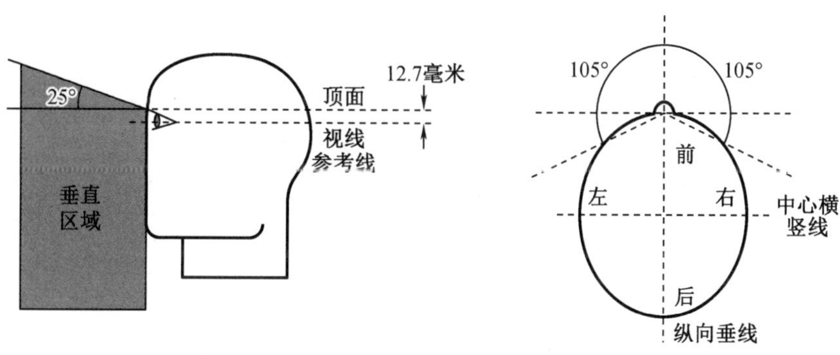

图2-4　头盔垂直视域示意图　　**图2-5　头盔水平视域示意图**

头盔的固定带(chin strap)最小宽度为15毫米。

(五)胸垫(女性)

1.女性球员可以穿着由柔软且薄的材料制成的胸垫,如果胸垫只覆盖肩膀、锁骨、胸部,则胸垫可附着在服装上。在未压缩状态下,胸垫的任何部位厚度都不能超过1厘米。胸垫的任何部位材料密度都不能超过45千克/立方米+15千克/立方米的容差范围。

2.胸垫中覆盖乳头周围部位的罩杯,其材料必须是半钢性的,胸垫各区域如图2-6所示。罩杯厚度不能在与身体正面垂直的任何点上超过4毫米。

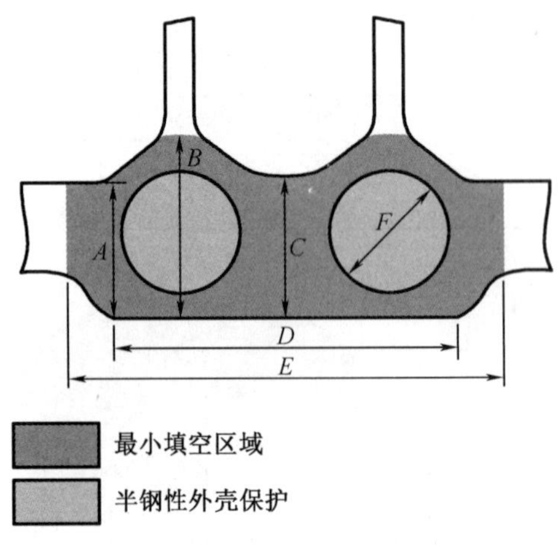

图2-6 胸垫各区域标志

胸垫各区域尺寸见表2-8,其中未标明的尺寸 F 依据国际公认的罩杯尺寸变化。

表2-8 胸垫各区域尺寸

下胸围 单位:毫米(英寸)	*A*	*B*	*C*	*D*	*E*
660-711 (26-28)	87(3.43)	123 (4.84)	68 (2.68)	234 (9.21)	284 (11.20)
762-813 (30-32)	109 (4.29)	154 (6.05)	85 (3.35)	292 (11.51)	356 (14.00)
864-914 (84-36)	131 (5.15)	184 (7.26)	102 (4.02)	351 (13.8)	427 (16.80)
965-1 016 (38-40)	152 (6.00)	215 (8.47)	119 (4.69)	410 (16.12)	498 (19.60)
1 067-1 118 (42-44)	174 (6.86)	246 (9.68)	136 (5.36)	468 (18.42)	596 (22.4)

女性球员的护肩垫和胸垫可以连接在一起，如图 2-7 所示：

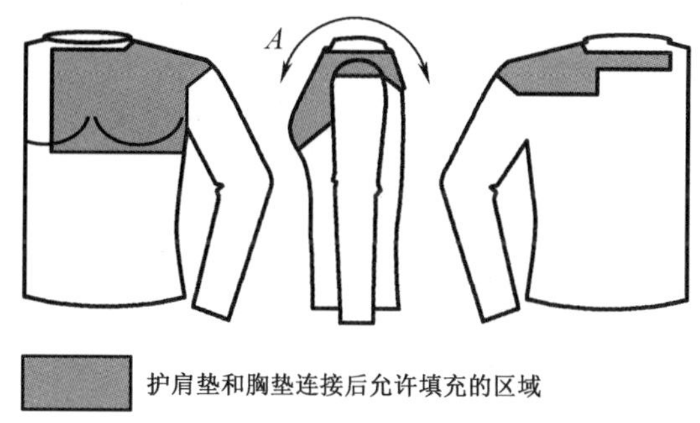

图 2-7　女性球员护肩垫和胸垫连接后允许填充的范围

其尺寸分别依据护肩垫和胸垫的尺寸要求设计。

（六）鞋钉

关于球鞋鞋钉的要求具体见表 2-9，关于鞋钉尺寸的要求如图 2-8 所示。

表 2-9　球鞋球钉的各项要求

材料	1. 鞋钉（studs）或防滑钉（cleats）不能因其构造而引起诸如穿着时的摩擦或挤压之类的风险；亦不能通过其他形式造成损害或使情况恶化。可被替换的鞋钉的材料应该能够重复固定（repeated fixing）以及在不会产生危险的情况下被移除。 2. 此前发现尼龙不适合作为鞋钉材料，因其易于起毛刺（propensity to burring）
形状和尺寸	1. 鞋钉长度不应超过 21 毫米。 2. 鞋钉应符合下图 2-8 所示的设计及尺寸要求。 3. 造成球员受伤风险的其他鞋钉设计和尺寸不应比图示的设计和尺寸更高。 4. 下图中的鞋钉在踏入一个平面深度达到 2 毫米时接触面积是 78 平方毫米。其他样式的鞋钉接触面积应该和图中鞋钉一样或更大。 5. 所有鞋钉的边缘都应光滑且圆角半径不小于 1 毫米
制造与设计	1. 鞋头处不能有单个鞋钉。 2. 鞋底（不含鞋钉）的边缘轮廓应是圆滑没有棱角的。 3. 鞋钉表面除了需要的文本和标志外不应有外部突起。在有文本或标志的情况下，浮凸花样（embossment）不应突出鞋钉表面 0.3 毫米。 4. 鞋钉及其附件应符合机械要求，包括在不会被损坏和造成潜在危险的情况下承受冲击和磨损。 5. 如果鞋钉具有螺栓（spigot）或类似的物件，那么最好： （1）当附属套管和鞋钉不是同一材质时，鞋钉上应有一个明显的提示，告知使用者鞋钉已磨损到不能覆盖套管一端超过 2 毫米。 （2）鞋钉固定器上的任何凹槽都不应该触及提示标志更靠近鞋钉顶端的位置。 6. 可替换鞋钉应按如下方式设计：可以通过不损坏鞋钉并因此造成切割风险或其他风险的方式将鞋钉安装在鞋底

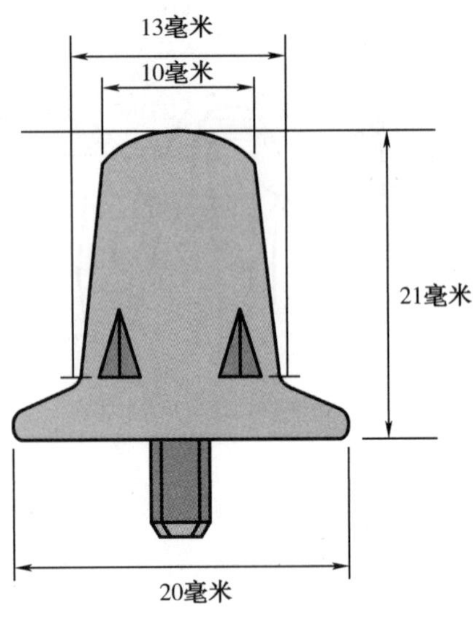

图 2-8　鞋钉尺寸

第五节　比 赛 安 排

一、比赛日程表

参赛队成员应按照比赛日程参加赛事比赛。赛事主管有保留更改比赛日程的权利。在这种情况下,如果比赛时间发生改变,各参赛队应尽早得到通知。

(一)比赛历时

十五人制比赛历时为每半场 40 分钟,中场休息 10 分钟。七人制比赛历时为每半场 7 分钟,中场休息 2 分钟。

(二)队长活动(十五人制特有)

当比赛场地可用时,在每场比赛的前一天,每支队伍将有 60 分钟的现场时间来进行队长活动。如遇恶劣天气,赛事主管有权推迟或取消活动。为了避免存疑,队长活动对各参赛队来说并不是强制性的,可以用在球队的训练场地进行正式训练活动来代替。如果球队决定不参加,参赛队领队必须通过联络员提前 24 小时将正式的训练时间通知赛事主管。各参赛队装备留在场地的时间不得超过一夜,并须确保场地状况与抵达时所看到的状况相同。

二、现场展示

参赛队的球员必须穿着国家队队服参加赛事,国家队队服在比赛开始前必须向赛事主管登记,并在参赛队领队会议上确认。所有参赛队的球员必须穿着适合国际橄榄球比赛的上衣、短裤和袜子。各参赛队须参考比赛日程表以确定每场比赛的上衣颜色。对于任何比赛中队服有颜色冲突的情况,穿着与比赛日程表中预先确定的颜色相匹配的上衣的队伍应优先选择颜色。队员号码(1~23)将分配给所有参加赛事任何比赛的球员。号码必须符合尺寸和设计要求,如果号码是在彩色的上衣上,其颜色最好是白色。如果号码是在白色上衣上,其颜色最好是黑色,以便从看台和赛场旁边进行现场解说和比赛跟踪的位置上被清楚地识别。

三、掷币

正如在参赛队领队的情况简介中建议的那样,决定开球方和选择场地的掷币将在开球前进行。掷币应由比赛裁判和两队队长一起进行,掷币的获胜者必须在掷币后立即决定是选择上半场的进攻方向,还是开球。

四、热身

(一)赛前热身

比赛前,一个专用的热身区域将分配给每个参赛队。在每个比赛日的第一场比赛,两支参赛队在比赛前通常有权在比赛场地内进行45~60分钟的热身活动。各参赛队应在指定的半场内进行热身活动,然而热身区域是有限的。赛前热身期间,各参赛队将使用官方提供的比赛用球。

(二)开球后替补队员的热身

所有进入赛场的人都必须由比赛官员监控,以限制赛场上的人数和可能的干扰。允许替补球员在对方极阵内进行热身活动,但不得携带球或扑搂包。如果比赛在22米区域内进行,球员必须谨慎活动,避免在极阵内阻碍球员和裁判。

五、积分制–循环赛

锦标赛在循环赛基础上由分在同一组中的参赛队之间的比赛构成。在循环赛赛制中,各参赛队将在比赛结束后获得对应比赛结果的积分。因为循环赛通常不进行加时赛,所以存在平局的可能。分组循环赛获得的积分将取决于以下结果(表2–10):

表2–10 小组循环赛单场获得积分情况表

获胜	4分
平局	2分
获得4次或更多的达阵次数	1分
以7分或更少的比分失利	1分

(一)如果某参赛队未经比赛裁判事先同意,故意拒绝比赛或者故意放弃正在进行的比赛,那么经赛会确认,该队将被驱逐出锦标赛。

（二）如果某参赛队因任何原因被驱逐出锦标赛，则该队将被视为没有获得分组循环赛积分，并且在分组循环赛中没有获得达阵或得分；为确定循环赛积分表中的排名，该队所有比赛的结果将被视为无效。这意味着，在与被驱逐球队的比赛中获得的所有循环赛积分和达阵以及得分，或在比赛中被这支球队获得的分数，在确定分组循环赛积分表中的排名时，都将不被考虑在内。

六、淘汰赛阶段比赛

淘汰赛阶段比赛将包括由 4 个队进行的两场半决赛，一场决赛和一场三、四名决定胜负的比赛。除另有规定外，各参赛队将按参赛队国际排名确认种子队。

两场半决赛将在第一个比赛日进行。第二个比赛日包括决赛和第三、四名的比赛。若加时赛结束后比分相同，将会进行踢球射门比赛。

除了故意放弃比赛和被驱逐外，如果比赛根据规定必须在比赛开始后停止，那么经赛会确认，适用下列程序：

1. 分组循环赛

（1）无论是上半场还是下半场，任何时间比赛终止，其比赛结果和每支参赛队在比赛中的得分、达阵得分均应有效。

（2）在上半场比赛终止的分组循环赛，其结果应宣布为平局。

（3）若一场分组循环赛被宣布为平局，那么对于这场比赛，每支参赛队将获得 2 个比赛积分，任何得分和达阵得分都将计入每个队在分组循环赛的总得分和达阵总得分。

2. 淘汰赛

（1）无论是上半场还是下半场，任何时间比赛终止，其比赛结果仍然有效。如果两队战成平局，那么则参照“决定分组循环赛积分表排名”条款的规定确定胜者，并将两队在锦标赛中所有比赛的得分考虑在内。

（2）如果其中一个队参加了由于对手球队原因而导致对手球队被驱逐的循环赛，则排名问题将提交赛会，赛会将以最合适的方法确定淘汰赛中两支比分相同队的获胜者。

七、确定循环赛积分表排名

如上述积分制表所示，循环赛积分表排名应当由比赛积分确定。如果循环赛阶段结束后两个队比赛积分相等时，那么两队的排名将依在循环赛中两支积分相等队之间的比赛结果来确定，获胜的参赛队将被视为在循环赛积分表中排名更高。

如果在循环赛结束阶段，比赛积分相等的两队之间的比赛结果是平局，则采用以下程序来确定排名：

（一）首先应考虑得失分差。某参赛队在循环赛所有比赛中的总得分减去总失分，得分正差值最高的队应在循环赛积分表中排名更高。

（二）如果平局仍然无法解决，则考虑达阵数差。在循环赛所有的比赛中，参赛队的总达阵数减去被对方达阵的总次数，达阵数正差值最高的队在循环赛积分表中排名更高。

（三）如果平局仍然无法解决，则考虑最高得分。在循环赛所有的比赛中，得分总数最高的队将在循环赛积分表中排名更高。

(四)如果平局仍然无法解决,则考虑最高达阵数。在循环赛所有的比赛中,达阵得分数最高的队将在循环赛积分表中排名更高。

(五)如果平局仍然无法解决,则将由相关参赛队领队通过掷币来解决。

八、淘汰赛阶段——两队战成平局

至于淘汰赛阶段,如果两队在比赛结束时战成平局,则获胜队将通过下列顺序标准来确定。

(一)延时加赛中金分制胜

淘汰赛结束后,如果双方比分相同,则将进行加时赛。加时赛分为两节,每节 10 分钟,加时赛中以最先得分的球队为获胜队。

1. 正常比赛时间结束的终场哨声响起时,将有 5 分钟的休息时间。

2. 除了特殊情况外,参赛队和裁判均不得在该段休息时间离开比赛围场。

3. 应允许每个协会的球队管理人员进入比赛区域,为球员提供水、营养和治疗,但他们必须在休息结束前离开比赛区域。

4. 在第一个 10 分钟加时赛结束后,如果比分仍然相同,则在两个加时赛的半场之间有 1 分钟中场休息。

5. 休息 1 分钟后,双方交换场地,上半场开球的参赛队的对手将在加时赛的第二节开球。

6. 加时赛下半场结束后,裁判将宣布停止比赛。如果在那一时刻仍没有比赛获胜队,而且两队在比赛中达阵得分相同,那么裁判将主持:

(1)两队之间的定踢射门比赛。定踢射门比赛的获胜队将被宣布为该场比赛的获胜队。

(2)踢球射门比赛应按照以下方式进行。

①所有球员和裁判将留在比赛围场内。裁判把两队的队长召集到场地中央掷币。然后掷币的获胜队可以选择哪一队先踢球射门或选择踢球的球门。

②每队队长必须提名 5 名在加时赛结束时仍没被换下场的球员参加踢球比赛。任何受伤、被替换或被罚出场的球员都不得参加射门比赛。球员踢球射门的顺序不需要提前定好。

③裁判和两队成员在中线集中。球员必须留在不是用于踢球的比赛面积的中线后面。除了裁判、两名助理裁判和两名球童外,任何人不得进入踢球比赛场地。

④每队的 5 名球员将从 3 个不同的点定踢,全部在 22 米线上,如图 2-9 所示。

第 1 踢球点,在两个门柱的正前方;

第 2 踢球点,在左手边 15 米线面对球门柱;

第 3 踢球点,在右手边 15 米线面对球门柱。

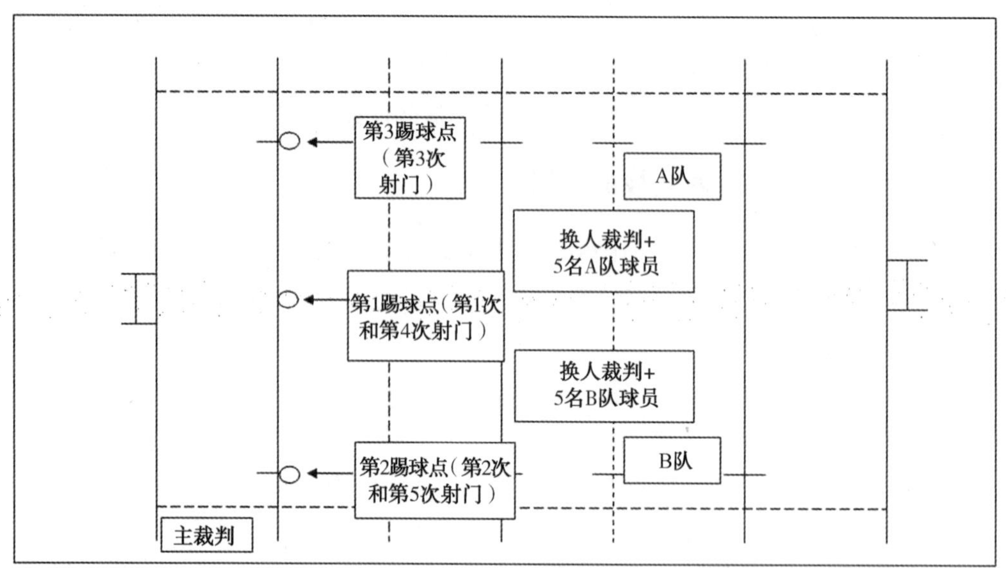

图 2-9　定踢射门点位图

(3)裁判将呼唤参赛队选出的第一个球员到第1踢球点开始比赛。一旦球员踢了球，裁判就会呼唤对方球队的球员从同一个踢球点踢球。

(4)下一轮的2名球员(每队一人)将轮流从第2踢球点踢球。这将持续到每支球队的所有5名球员都踢了球(接下来的球员分别从第3踢球点、第1踢球点和第2踢球点踢球)，或者直到一支球队无法在剩余的踢球次数内与另一支球队的得分相等。

(5)如果每支参赛队完成5次踢球后，踢球射门成功的次数相等，则比赛将以"突然死亡"为基础，按照前5次踢球的顺序进行。

(6)比赛将继续进行，每轮2次踢球射门(双方各踢1次)，逐步通过上述三个踢球区(必要时重复上述过程)，直到一名球员踢球射门成功；而同样的踢球射门，另一支参赛队的球员却踢球射门失误。一旦出现这种情况，踢球射门成功的球员所在的球队将被宣布为获胜队。每一轮额外的踢球射门都应该由相同的5名球员轮流执行。

(二)在整个踢球比赛期中

1. 一旦球员在踢球点上接到裁判递给的球，他必须在1分钟内执行踢球。如果他花费了更长的时间，裁判将宣布踢球无效并因此而计数一次失误。

2. 每次踢完球后，裁判都会记录下球员的号码和结果。比赛监督将在正式的比赛报告中记录同样的详细情况。

3. 每次尝试射门，踢出的球是否进门是由裁判来裁定的，裁判可以依靠助理裁判的协助，自行决定球是否进门。裁判的决定是最终的和有约束力的。

4. 一旦球员完成了踢球，他们应该返回到中线后面的不用于踢球比赛区域的自己球队所在的地方。

九、赛事纪律

亚洲橄榄球锦标赛应遵循《世界橄榄球协会条例》第17、18和20条的纪律惯例和程序处理赛事当中的纪律问题。

对《世界橄榄球协会条例》第 17 条的任何修改将由世界橄榄球协会通知所有协会，更新及修订将发布在世界橄榄球协会网站上。亚洲橄榄球协会可以不时地酌情更新及修订参赛条款的这一节，并应相应地通知参赛协会。

在《世界橄榄球协会条例》第 17 条中提到的东道主协会也可理解为是指管理赛事纪律条例的协会。在《世界橄榄球协会条例》第 17 条中提到的指定纪律官员应当是指亚洲橄榄球的提名人以履行与赛事以及赛事中特殊比赛及任何附加赛有关的职责。

(一)临时禁赛

务必遵守世界橄榄球理事会《世界橄榄球协会条例》第 17 条的任何修正，《世界橄榄球协会条例》第 17 条、25 条中规定的关于临时禁赛的指示性程序应适用于亚洲橄榄球锦标赛及任何附加赛。

申诉除了《世界橄榄球协会条例》第 17 条、22 条规定的申诉程序外（并须遵守世界橄榄球协会对《世界橄榄球协会条例》第 17 条的任何适用的修正），根据《世界橄榄球协会条例》第 17 条、第 22 条第 5 款的规定，每份申诉通知书都应附有一笔支付给亚洲橄榄球协会，金额为 1 000 美元的押金。

(二)财务处罚

替代责任（vicarious liability）：参赛协会对其球队成员的行为负全部责任。财务处罚：在赛事开始前 2 个月内退出亚洲橄榄球锦标赛的参赛协会将受到表 2-11 所述的经济处罚。

表 2-11　亚洲橄榄球协会财务处罚金额

组别	成年男子组	成年女子组	其他年龄组
金额	10 000 美元	10 000 美元	10 000 美元

注：如果东道主协会不能承办比赛，罚款将是以上金额的 5 倍。这些处罚是必须遵守的。唯一的例外是亚洲橄榄球邀请的协会不能参加/承办赛事。如果某参赛协会在没有合格医生的情况下，仍有意参加赛事，其将受到相当于亚洲橄榄球支付津贴 50%的经济处罚。例如，亚洲橄榄球支付给参赛队 1 000 美元，同时预付 1 000 美元罚款给东道主协会。而如有可能，东道主协会将被要求向该参赛队提供 1 名当地医务人员。

(三)参赛

参赛协会代表自己并代表每名球队成员，特此接受邀请，根据参赛条款参加锦标赛和任何其他附加赛。参赛协会应确保其每名球队成员在整个期限内，在各个方面理解、遵守、接受本参赛条款。为免生疑问，参赛协会有责任促使其球队成员完全遵守这些参赛条款。参赛协会应使每名球队成员了解所签订协议的条款和参赛条款，并应向他们提供同意书的副本，并要求提供其他上述文件。参赛协会的每名成员必须签署球队成员同意书，作为参加锦标赛和任何附加赛的先决条件。该同意书由参赛协会的每名成员正式签署和填写，必须按照所签订协议的规定交还给协会，并且被参赛协会接收。参赛协会和每名球队成员均应承认并同意以下内容：

1. 本协会可以将其在所签订协议中的权利、利益或义务转让给其他人，而无须事先征得参赛协会或其球队成员的同意。

2. 在参加锦标赛和附加赛期间，球队（和球队每名成员）不得参与，且参赛协会不得允许其任何成员参与本参赛条款或本协会批准的比赛以外的任何比赛。

3. 参赛协会和每名球队成员在任何时候应与本协会（或其提名人）合作。

4. 参赛协会和每名球队成员在任何时候都应遵守所有适用的地方法律，包括但不限于在参赛协会的装备上带有的任何广告涉及特定管辖区内受广告法管理的行业（例如赌博、酒精或烟草）的广告标准。

5. 参赛协会特此保证，其挑选的参加锦标赛和附加赛的所有球员均符合《世界橄榄球协会条例》的规定，完全有资格代表参赛协会比赛。如果参赛协会获得锦标赛冠军，将同意受到本协会及世界橄榄球协会所规定的奖杯条款和条件的约束。

（四）管理

由世界橄榄球协会任命的竞赛主任应监督并在必要时负责管理锦标赛和任何附加赛的组织与管理工作。亚洲橄榄球协会应与世界橄榄球协会协商，采取其认为可行的、必要的和适当的步骤来组织和运行锦标赛及附加赛，以确保以高水平组织锦标赛和附加赛。东道主协会应为锦标赛、附加赛和在领土内的任何其他活动做出一切必要的安排，但须服从协会代理赛事主任的总体管理和批准。参赛协会必须在本比赛手册规定期限内填写并向亚洲橄榄球协会提交以下表格：

1. 不迟于锦标赛开赛前 7 天，以参赛协会的名义正式签署参赛协议。

2. 不迟于锦标赛开赛前 30 天，或在球员未被安排参加锦标赛首轮比赛的情况下，不迟于他第一次预定参赛资格认证过程前 30 天，只能通过传真或电子邮箱将任何所需的治疗用途豁免表格提交给世界橄榄球协会。

3. 不迟于锦标赛开赛前 7 天，提交有关球员的医疗保险单。

（五）参赛队公告

1. 由每名参赛队成员签署的参赛队球员同意书。

2. 每名球员的护照副本（照片页）。

3. 不迟于当场比赛前 72 小时提交。

（六）最终参赛队公告

不迟于比赛后 24 小时，当场比赛的记录表、准确完整的比赛信息要发送至 george. danapal@ asiarugby. com。为免生疑问，除本参赛条款明确说明及本协会另有商定外，如参赛函所述，所有与代表参赛协会的球队参加锦标赛和任何附加赛有关的费用将由参赛协会全权负责。

（七）行为

参赛协会和每名球队成员在此承认并同意：

1. 每个人各自参加锦标赛和任何附加赛都必须达到纪律和职业体育行为的最高水准。

参赛协会和每名球员不得做或允许做任何可能损害亚洲橄榄球协会或世界橄榄球协会名誉的事情。

2. 每个人都将竭尽所能地参与锦标赛和任何附加赛。

3. 每个人都应遵守《世界橄榄球协会条例》中有关比赛行为准则的规定。

4. 展示锦标赛、附加赛及资格认证程序和世界橄榄球协会运动的正面形象，对于锦标赛的持续、资格认证过程和全球范围内发展这项运动至关重要，因此必须遵守和执行这些参赛条款。

5. 锦标赛、附加赛及资格认证过程的成功取决于每个参赛协会和球队成员不仅要遵守这些参赛条款的文字而且还要遵守这些参赛条款的精神，并且参赛协会和每名球队成员都应据此规范各自的行为。

6. 遵守并执行已经确立的用以促进锦标赛、附加赛、资格认证过程有序和成功进行的组织规则，对于确保赛事成功至关重要。参赛协会知悉并同意，任何球队未能达到本参赛条款中(无论赛场内赛场外)所提出的场上表现、文件资料和一般锦标赛及附加赛的行为要求，都可能受到协会的纪律处分，以及被提交给纪律委员会或争议委员会。为此目的，参赛协会应对其球队成员的行为负间接责任。

(八)媒体

参赛协会及每名球队成员应知悉并同意遵守亚洲橄榄球协会按照锦标赛手册第 6 节所叙述的有关媒体或媒体规范、规定和义务的合理指示。

十、参赛资格确认

确认球员本人已阅读并理解《世界橄榄球协会条例》第 8 条规定的资格标准，并特此声明球员本人有资格根据《世界橄榄球协会条例》第 8 条在本赛事中代表参赛协会参与比赛。

十一、参赛队成员同意书

参赛队成员同意书应包含以下内容：承认我作为参赛协会的团队成员出席和参加赛事将为我带来某些利益，包括提高公众形象，参加赛事和参加国际体育比赛的机会以及参加亚洲橄榄球/世界橄榄球比赛的声望，并且协会考虑到我履行所签订协议项的义务，应为我支付、安排、提供与赛事有关的某些旅行、住宿，生活和其他费用等。

十二、反兴奋剂

同意遵守不时生效的《世界橄榄球反兴奋剂计划》的所有规定，以及纳入《世界橄榄球反兴奋剂条例》的所有国际标准并受其约束；承认并同意世界橄榄球和(或)协会有权施加反兴奋剂计划中规定的制裁。

特此承认并同意：根据反兴奋剂方案规定的程序用尽后所做决定引发的争议，均可依据《世界橄榄球协会条例》第 21、27 条提交上诉机构进行终局性且有约束力的仲裁，该上诉机构对国际级运动员而言为国际体育仲裁院(CAS)。同时承认并同意 CAS 受理上诉的适用法律为英国法律，且该机构裁决为终局决定并具有可执行性。承诺将按反兴奋剂方案或其他要求提交治疗用途豁免申请。确认已完成世界橄榄球协会反兴奋剂电子学习教育计划,并知悉世界反兴奋剂机构(WADA)每年1月1日(不定期)修订禁用清单。本人已审查现行禁用清单并将及时审查更新后的禁用清单。

十三、反腐败和赌博

允许并同意遵守不时生效的《世界橄榄球反腐败和博彩条例》的所有规定并受其约束。

特此承认并了解《世界橄榄球协会条例》第6条禁止本人实施某些行为(即反腐败违规行为)并规定相关义务,包括但不限于要求及时完整地向世界橄榄球协会报告以及保守与本人作为关联人员、合约运动员及合约运动员支持人员身份相关的调查机密,本人确认这些禁令和义务是合理且必要的,旨在维护比赛公正性;同时确认上述内容绝不构成对《世界橄榄球协会条例》第6条完整适用性的任何修改或限制;并同意授权协会、世界橄榄球及相关执法机构为遵守《世界橄榄球协会条例》第6条及适用法律之目的,处理本人所有个人信息(统称"反腐败相关数据",包括但不限于个人数据、通信记录、银行账户信息、信用卡及交易明细、投注账户记录、网络及电子邮件记录、计算机及电子存储设备数据、文件、信函、地址及联系方式等)。

特此同意确保本人所有反腐败相关数据均保持可用并可获取。承认并授权协会及世界橄榄球协会依据《世界橄榄球协会条例》第6条规定,以任何适当方式获取、接收、整理、处理、存储和使用本人反腐败相关数据(包括针对本人或他人的数据),并承诺按世界橄榄球协会要求提供相关数据。确认并同意世界橄榄球协会有权依据《世界橄榄球协会条例》第6条规定,要求、接收、存储和使用任何第三方持有的与本人相关的反腐败数据。承认并同意世界橄榄球协会可与任何协会、橄榄球机构、理事会、执法机构及主管当局共享本人反腐败相关数据,以符合《世界橄榄球协会条例》第6条及适用法律规定,此等组织可能位于欧洲经济区外或本人居住国境外,本人明确同意将个人数据跨境传输至上述地区;确认根据适用法律本人可能享有与反腐败数据相关的访问权、更正权及对非法处理的求偿权,如有疑虑可咨询世界橄榄球反腐败官员。承认世界橄榄球协会具有依据《世界橄榄球协会条例》第6条实施处罚的管辖权;同时同意因世界橄榄球协会依第6条所做决定引发的争议,在穷尽该章规定的听证程序后,仅可依第6、11条及第18条提起上诉。在法律允许最大范围内免除世界橄榄球协会因处理反腐败数据及执行第6条规定所产生的一切索赔、责任及费用。本条款所用术语含义以《世界橄榄球协会条例》第6条及第1条(如适用)定义为准,本条款效力不因协议终止/到期而受影响,并立即适用于本人作为关联人员参与比赛的一切事宜。

十四、商业规则和准则

同意遵守本次参赛条款中不时规定的与赛事有关的商业规则和商业准则;同意不穿任何带有任何商业实体的名称、徽标或设计的服装,或除本参赛条款允许外,在本人的身体上(包括但不限于在本人的头发、指甲、眼镜或隐形眼镜上)文身、烙印、剃毛、割伤、刺穿、涂抹或附着的任何商业或其他实体的任何名称、徽标或设计。

十五、商业和广播要求遵守的规定

商业规则同样适用于参赛协会、球队和球队成员。自锦标赛赛手册分发给参赛协会之日起生效。除亚洲橄榄球协会外，任何一方不得以任何商业目的暗示与赛事存在直接联系、从属联系或以伙伴关系。这些商业规则涵盖所有形式的媒体形式，包括但不限于印刷媒体、广告媒体、广播媒体、移动通信、无线数据服务及互联网媒体。参赛协会及其全体成员在此声明同意：

（一）参赛协会将不主张，也不应要求任何球员主张，任何关于使用、出售或利用任何与锦标赛有关的商业权利主张，参赛协会将不会开发或获得与锦标赛类似和（或）与亚洲橄榄球协会合作伙伴的商业权利有竞争的任何权利。

（二）参赛协会须确保任何球队成员的肖像权不得直接或间接用于涉及或暗示与锦标赛相关联的商业广告或代言，也不得明示或暗示利用此类关联。

（三）为明确起见，前述禁令特别包括但不限于在参赛协会队服或服装上（或任何可能引起混淆的服饰）出现的商业广告或代言；任何方均不得以明示或暗示方式展现与锦标赛存在直接或间接关联或伙伴关系。特别说明，非赛事授权赞助商、供应商或其他商业伙伴不得以任何形式提及锦标赛、参赛协会、球队成员的参与。参赛协会须禁止任何非授权方实施本条款所述行为。

参赛协会须建立审核机制，对其商业伙伴及其他实体的商业宣传材料进行审批以确保合规。若对自身或关联方的商业活动是否合规存在疑问，参赛协会须在开展或允许任何宣传活动前获得亚洲橄榄球协会的书面确认。

如有违反本规则的行为，包括但不限于参赛协会、商业伙伴或球队成员通过广告活动明示或暗示与锦标赛存在关联，亚洲橄榄球协会有权要求相关方立即停止侵权行为，并保留采取进一步措施的权利。

所有使用亚洲橄榄球协会或世界橄榄球协会标识的申请须经书面批准，相关协会对此拥有最终决定权。获准使用的行为须严格遵守批准方设定的条款。

参赛协会可接受政府或市政支持，但比赛期间不得展现此类关联。参赛协会及成员不得将自用产品或服务宣称为锦标赛“官方”产品或服务。

未经亚洲橄榄球协会事先书面同意，参赛协会及其成员不得在境内开展与锦标赛相关的商业活动或收取费用。

参赛协会及其全体成员确认所有商业权利归属亚洲橄榄球协会，并承诺确保每位成员无偿签署全球电视转播权授权文件。

十六、类别排他性

东道主协会须严格遵守规定，不得与亚洲橄榄球协会的现有赞助商存在竞争关系的企业，就赛事（此处特指非系列赛）的冠名赞助或关联赞助事宜签订任何形式的赞助协议。此外，此类排他性条款的适用范围将进一步延伸，涵盖比赛及训练用球的供应合作。

与此同时，东道主协会也被禁止与亚洲橄榄球锦标赛或亚洲女子橄榄球锦标赛相关的任何赞助安排、官方关联赛事，以及涉及此类赛事的赞助商签订任何协议。

为确保透明度与合规性，东道主协会在所有相关情形下，均应主动向亚洲橄榄球协会提交一份详尽的合作伙伴及赛事赞助商名单。该名单需全面涵盖在赛事举办周末期间，赛事所在体育场内（包括比赛场地内外）所涉及的所有品牌权益信息，以便亚洲橄榄球协会进行核实与监管。

十七、赛事冠名权

未经亚洲橄榄球协会事先批准，东道主协会不得订立任何亚洲橄榄球赛事冠名权相关的安排，该批准不得被无理拒绝或拖延。东道主协会将保留冠名赛事赞助商的权利，但提供的赞助商不得与为亚洲橄榄球提供的类别排他性相冲突。

东道主协会同意遵守在赛事开始前亚洲橄榄球协会所陈述的所有赛事品牌规范和使用要求。亚洲橄榄球协会将转发从广告板到传媒和新闻背景板，从赛事门票到比赛秩序册的各套应用程序，以确保任何广告或宣传资料都带有正确的标识及设计。

十八、广告板

亚洲橄榄球锦标赛需要设置 10 个广告板（6 米×1 米）。遵守亚洲榄球广告委员会的要求是依法必须做的，所有广告板的制作费用完全由东道主协会承担。所有广告板均须符合亚洲橄榄球协会的规定。在比赛围场周围放置广告板由亚洲橄榄球协会决定，并且东道主协会应遵守亚洲橄榄球协会提供的放置指南。亚洲橄榄球协会需要 4 个带有亚洲橄榄球协会标识的“A”字广告板（6 米×1 米），放在指定位置上。

十九、有关赞助商广告板

（一）亚洲橄榄球赛事

亚洲橄榄球赛事需要 2 块“A”字广告板（6 米×1 米），上面带有赛事用球赞助商标识，该广告板将被放在指定位置上。

亚洲橄榄球赛事需要 2 块“A”字广告板（6 米×1 米），上面带有赛事服装赞助商标识，该广告板将被放在指定位置上。

亚洲橄榄球赛事需要 2 块“A”字广告板（6 米×1 米），上面带有赛事有关赞助商标识，该广告板将被放在指定位置上。

（二）世界橄榄球赛事

如果任何亚洲橄榄球锦标赛成为世界橄榄球资格赛，亚洲橄榄球协会将要求东道主协会额外提供 2 块（6 米×1 米）带有世界橄榄球协会设计的“A”字广告板。东道主协会将为这些资格赛事提供必要的品牌设计，所有费用由世界橄榄球协会报销。

此外在亚洲举办的世界橄榄球协会赛事，亚洲橄榄球协会享有附加品牌权利：东道主协会享有表 2-12 中在相应数量的装备上附加的比赛围场品牌设计权利。

1. 东道主协会有权在球门防护垫上标识赞助商的品牌设计。如果东道主协会不能获得赞助，则必须使用亚洲橄榄球协会的设计。

表 2-12　享有比赛围场内品牌设计权利的装备及数量

球门柱防护垫	两个球门的立柱
场地旗帜(或旗杆)	数量 14 面
助理裁判的旗帜	数量 2 面

2. 东道主协会有权为比赛场地旗帜(旗杆)设计品牌,前提是这个品牌不得与专为亚洲橄榄球专属保留的任何品牌类别相冲突。如果东道主协会不向赞助商出售权利,那么亚洲橄榄球旗帜和任何旗杆保护物设计将自动默认选择。亚洲橄榄球协会将向东道主协会提供 14 面旗帜(旗杆长度不少于 120 厘米)。

3. 亚洲橄榄球保留助理裁判旗帜的品牌设计为亚洲橄榄球协会标识。亚洲橄榄球协会向东道主协会提供足够数量的旗帜(手旗杆长度为 50 厘米)。

(三) 比赛用球

为保持一致性,亚洲橄榄球协会将提供所有亚洲橄榄球锦标赛项目中必须使用的正式比赛用球。东道主协会不需要为各自的比赛提供比赛用球或训练用球。

(四) 比赛官员服装

1. 亚洲橄榄球协会将提供给所有裁判员及助理裁判员在所有亚洲橄榄球锦标赛必须穿着的正式裁判服装(上衣、短裤、短袜)和翻领衫。东道主协会不需要为裁判提供服装。

2. 亚洲橄榄球协会在所有亚洲橄榄球赛事中也可为赛事官员提供贴有亚洲橄榄球标识的翻领衫,数量仅限于正式的边线工作人员。

(五) 锦标赛标识

亚洲橄榄球协会将发送给所有参赛协会带有亚洲橄榄球协会的设计图案,所有参赛队球员都必须在他们的比赛套装右侧袖子上附有该设计图案。

(六) 商业指导原则

根据世界橄榄球协会的规程与比赛有关的规定,允许参赛协会让赞助商的品牌设计出现在比赛套服上。

(七) 广告权利

允许参赛协会享有为其与锦标赛有关的产品和服务做广告的权利。

东道主协会及赛事相关方拥有制作与比赛、培训班及其他关联活动相关的新闻报道的合法权利。

针对与锦标赛相关的所有赛事及活动(涵盖但不限于体育表演),所产生的一切数据、信息均受本条款约束。这些数据、信息包括但不限于数据库权利形式存储的内容,以及其他任何形式的数据、信息。同时,与锦标赛相关的各类结果,包括客户信息,也纳入本条款范畴。

在广播和录像权利方面,东道主协会及赛事相关方有权以多种形式进行利用。这包括但不限于现场转播,以及利用现有已知或未来可能开发的各种音频、视觉及其他视听媒体形式进行传播。具体而言,涵盖一切形式的电视传播,无论是免费的地面卫星电视、付费的地面卫星电视、有线电视,还是数字电视、模拟电视;录像方面,包括录像带的出售或出租;电子媒体形式,如 DVD;交互式和双向电视;视频点播(VOD)服务,以及新出现的视频点播形式。

此外,还涉及在线电子或卫星图像、声音、数据传输服务,以及其他类似系统。这其中包括全球范围内的互联网系统,以及所有形式的移动电话和移动通信设备所提供的服务。例如,但不限于 WAP、EDGE、UMTS、I - Mode、SMS 等通信技术标准,以及 1G、2G、2. 5G、3G、4G、5G 等不同代际的移动通信网络,无论这些技术是用于视听数据的传输、展览、现场转播通讯、延迟通讯,还是移动电话和其他通信设备之间的各种通信形式,以及任何其他形式的通信设备所涉及的服务。

同时,本条款还涵盖任何其他计算机传输的服务,以及任何其他多媒体权利,无论这些权利是当前已知的,还是未来发明的。通过明确这些权利范围,旨在确保东道主协会及赛事相关方能够全面、有效地管理和利用与锦标赛相关的各类媒体资源,保障各方合法权益,促进赛事的广泛传播与商业价值的最大化。

二十、特许出售权利

通过特许、自动贩卖、分销或与锦标赛有关的销售点出售以及许可可销售产品的权利。

(一)大屏幕权利

有权在公共空间展示整场比赛(或其中任何部分)或任何其他与比赛有关的资料,以及有权向付费进入此类展出的体育场的观众展示比赛、报道锦标赛新闻。

(二)数据权限

使用和利用所有的与锦标赛有关的信息、统计数据的权利,包括但不限于比赛积分表、比赛结果、球员详细信息、市场研究、遥测、图表和比赛信息,包括复制、汇编、存储和提供进入或与之互动的权利。

(三)电影权利

利用世界各地已知或以后发现的一切手段,利用电影摄影技术将比赛、培训班课程、其他活动、与比赛有关的所有比赛和活动,以及与锦标赛有关的所有比赛的其他数据、信息和结果拍摄成电影的权利。

(四)固定媒体权利

有权通过家庭录像、DVD 和任何其他电子存储和回放系统,像激光光盘、光盘、CD-I 和 CD-Rom。同时,明确包括现在已知或以后未知的下载到本地、播客(podcast)和任何其他相关系统,进而允许使用与锦标赛有关的全部或任何其他资料的版权。

(五)赛事权利

享有推销、销售、制造和生产具有赛事名称和形象特征的比赛的权利。

(六)友情接待

在赞助商的赞助合作期间,赞助商有权提出赛事接待要求。具体而言,可要求为不超过 70 人的特定群体提供赛事接待服务(此项接待包含免费门票)。此外,赞助商与亚洲橄榄球协会双方可针对锦标赛的每一场比赛另行协商确定额外人数,该部分人员同样有权在体育场内享受亚洲橄榄球协会所提供的同类设施及其他接待服务。

(七)互联网权利

有权通过传输来提供比赛或者任何和比赛有关的资料,这些资料的形式有很多,像音频、视频、视听报道或者它们的复制品、文字评论、比赛比分、报告、摘要、数据、结果服务、动画制作这些都在内,还能批准把这些资料展示出来。另外,可以借助互联网或者其他计算机网络,用互联网协议或者其他协议来模拟比赛,或者用别的方式把比赛呈现出来,不管怎么分发这些内容都可以,比如通过 IPTV 交付、宽带流媒体传输,或者用其他展示的办法。

(八)世界橄榄球协会及亚洲橄榄球协会网站

有权为锦标赛设立一个独立的网站,为橄榄球群体服务,同时兼顾亚洲橄榄球网站内的商业权利许可证的相关事宜。

(九)文库权利

有权允许向第三方展示比赛摘录或任何其他与锦标赛有关的资料,此类摘录每场比赛不得超过 5 分钟。

(十)杂志权利

有权允许展示比赛(摘录)及任何其他与锦标赛有关的资料,作为世界橄榄球协会总计划和其他体育杂志计划的任何特写文章。

(十一)商标和名称

商标权、比赛名称以及任何与之有关的内容均由亚洲橄榄球协会拥有及保留。

(十二)商品权利

有权使用和利用与锦标赛有关的各类商品,和服务在制造、包装和许可过程中用到标识、设计、文字、名称以及商标。

(十三)移动电话权利

有权通过传送或者官方提供的方式,把比赛(或者比赛里的某一部分)或者和比赛有关的任何资料展示出来。这些资料有很多种,比如音频、视频、视听报道,还有它们的复制内容、文字评论、比赛比分、报告、摘要、数据、结果服务、动画、模拟展示等。还能用移动广播技术、移动电信技术,或者任何用移动技术来广播的其他办法描述比赛。另外,可以用移动电话设备、通信设备,还有现在有的或者以后研发出来的服务,提供所有其他服务。

(十四)无线电权利

有权借助模拟、数字无线电以及任何其他形式的无线电设备,无论是现在已知的或以后发明的方式,来允许比赛以及与锦标赛有关的各类音频资料进行展示。

(十五)制作报道的权利

有权制作比赛、培训课程、其他活动,以及与锦标赛有关的所有比赛和活动的新闻报道。

(十六)赞助权利

有权用任何和商业权利有关的方式,把商业实体和锦标赛联系起来。供应商及被许可方能享受这些权利:一是能拿到和锦标赛有关的许可,或者被任命为官方供应商;二是能开发、授权别人用,或者自己卖和锦标赛有关的其他各种商业开发权益,像官方产品、旅行服务、出版物、秩序册、海报、特许经营权,还有促销活动这些方面的权利都包括在内。

(十七)跨国传播

有权以任何一种语言,批准与锦标赛有关的比赛还有其他类型的任何资料进行展示,以任何电视形式传播到一个网络。该网络的广播覆盖区域,除其他因素外,包括特许领土和至少两个其他领土。

(十八)其他权利

在所有赞助类别范畴内,亚洲橄榄球赞助商不享有优先赞助权益;参赛协会拥有指定锦标赛数据生成器的权利,同时具备指定锦标赛计时/技术协会的权限;全面负责锦标赛所有场地标示的规划与设置工作,承担锦标赛新闻发布会、新闻采访以及颁奖台的品牌视觉设计职责,并享有比赛和训练用球的品牌标识使用授权;每场作为锦标赛组成部分的比赛场地周边均需设置广告板,这些广告板应放置及设置于死球线后方(即每个球门立柱后端区域)、沿远端边线(与近端边线相对,为主电视摄像机所在场地位置的对面区域)以及主电视弧范围内,且广告板的最终位置和安装方式由参赛协会最终确定;拥有与锦标赛裁判员和其他比赛人员正式比赛装备相关的全部管理权利;在锦标赛正式开始前的合理时间节点内,亚洲橄榄球协会需确认提交最多 2 页的完整资料,涵盖封面页、中页、内页和封底页,以及比赛秩序册中所有球员的个人简介信息;对锦标赛巡边员旗帜、边线和极阵内旗帜、球门防护垫的样式、规格等拥有决定权;依据亚洲橄榄球协会的指示,其品牌标识将应用于比赛场地、训练场地、官方酒店、球队轿车、媒体中心、新闻发布会、官方活动和仪式等场景;亚洲橄榄球赞助商及商业合作伙伴在所有与锦标赛相关的宣传材料(纸质和电子材料,包括但不限于比赛门票和锦标赛比赛秩序册)上的品牌展示,需遵循亚洲橄榄球协会的指示,为避免产生疑义,亚洲橄榄球和世界橄榄球赞助商及商业合作伙伴的旗帜可展示世界橄榄球和世界橄榄球赞助商及商业合作伙伴的商标及标识;在亚洲橄榄球的指示或规定下,在亚洲橄榄球指定的体育场、训练场地、官方酒店、球队轿车、媒体中心、新闻发布会、官方活动和仪式上,有权悬挂世界橄榄球和世界橄榄球赞助商及商业合作伙伴的旗帜和横幅,同时有权将亚洲橄榄球和世界橄榄球赞助商及商业合作伙伴的旗帜和横幅放置在任何未使用的座位以及体育场外部建筑和围栏上;参赛协会保留生产和销售与锦标赛相关商品、服装的权利,包括但不限于 polo 衬衫、T 恤衫、橄榄球衫、橄榄球、钥匙扣、包和帽子,可选择将上述物品的生产和销售许可授予其他方,但需经批准并支付许可费,且参赛协会的任何受保护商标的商业应用必须严格符合参赛协会提供的规格;任何参赛协会生产的带有锦标赛商标或标识的品牌(除缝在袖子上的正式锦标赛图案以外),必须转寄给竞赛主任以供批准,并安排事先生产,这包括但不限于与参赛协会一起参加的特定锦标赛的任何球队的服装。

二十一、形象权利

参赛协会特此授予本协会永久性授权，许可本协会使用参赛协会全体成员在锦标赛及附加赛中的形象权利，以达成锦标赛与附加赛在宣传、教育及发展英式橄榄球比赛（定义如下）方面的既定目标。所谓“宣传、教育和发展目的”具体指将形象权利运用于任何与锦标赛或附加赛相关的赛事秩序册或媒体指南；用于本协会推广锦标赛的任何出版物或DVD封面及包装材料，以及用于向学校、俱乐部或本协会会员分发、旨在推广英式橄榄球协会的相关资料。

（一）视频封面和出版物

为教育或培训裁判员、其他比赛官员、纪律官员、参与者而制作的视频内容。

（二）封面和出版物

媒体新闻稿、锦标赛/附加赛海报、散页印刷品、传单以及赛事媒体指南。

（三）其他类似类型的产品、宣传或活动

本协会承诺：仅使用参赛球队成员在锦标赛及附加赛期间（包括赛后聚会、新闻发布会、培训课程等相关活动）所呈现的形象，且所使用形象特征须与赛事实际表现一致；未经球队成员或其指定代表事先书面同意，不得将任何球队成员的形象用于直接代言商业实体、特定产品或服务。但本条款不影响本协会及其正式授权许可方行使任何商业权利（包括但不限于广播权及互联网相关权利）的合法权益。

二十二、广播版权

各参赛协会及其所属球队成员在此确认并同意：自出征参赛起至锦标赛（包括其任何单场比赛）及附加赛最后一场结束后24小时期间，允许对其作为运动员在赛场内外的表现及公开活动进行拍摄、录像及记录，相关音视频、视听或电子数字内容可通过任何新闻报道形式或媒介永久存储。亚洲橄榄球协会保留全权处置权，可自主决定将上述内容的全部或部分用于电视节目、电影、录像、广播等各类传播媒介，包括但不限于永久应用于卫星电视、交互式电视、有线电视、视频、DVD及其他电子存储与回放系统（含激光光盘、光学存储、CD-1或CD-ROM等格式，明确包含播客形式）、互联网（涵盖IP-TV及宽带流媒体等）、移动通信服务、宽带及无线数据服务等现有及未来可能出现的所有永久性媒体载体。各参赛协会及其成员须通过现行法律认可的版权转让方式，将上述所有音视频、视听及数字记录作品的全球性、永久性全权利（含现有及未来研发的所有媒体形式使用权）不可撤销地转让予本协会（或其指定方）。特别声明，本条款不影响本协会通过广播等形式单独或组合呈现锦标赛、附加赛及参赛者运动表现的权利，但禁止将任何球队成员在赛事期间的公开形象用于直接代言特定商业实体、产品或服务。

二十三、视频直播

亚洲橄榄球协会在赛事直播期间，将要求主办协会必须提供稳定有线网络连接，其串流速度需确保不低于15 MB/s（或根据实际情况提供不超过15 MB/s的带宽），以保证赛事直播流媒体的传输质量。

二十四、媒体规则

各参赛协会、运动员及相关人员应全力配合各项合理要求,以协助媒体最大限度地推广亚洲橄榄球赛事。具体要求如下:东道主协会需提供指定通信联络志愿者/工作人员;为工作人员配备无线网络接入服务;通过亚洲橄榄球协会官方 Facebook 及 Twitter 账号实时更新赛事比分;赛后 2 小时内提供 10 张高清比赛照片,并同步发布至东道主协会及亚洲橄榄球协会 Facebook 官方页面;赛后 4 小时内提交赛事全程数字录像资料。

(一)赛事启动

根据赛事规定,东道主协会需安排一次队长签名仪式。各参赛队队长必须身着全套正式比赛装备(包括比赛上衣、短裤及球袜)出席该仪式,并亲自为赛事纪念品签名。此活动旨在提升赛事互动体验,具体要求将由亚洲橄榄球协会另行通知。

(二)赛后采访

根据赛事规定,当终场哨响后,比赛新闻官员有权要求参赛队队长、主教练或经官方确认的关键球员立即接受电视媒体采访。此类赛后采访原则上应在混合采访区内完成,所有被指定的采访对象需积极配合完成此项媒体义务。

二十五、一般接受和协议

(一)本人确认接受参赛邀请,并已通过所属参赛协会获取《亚洲橄榄球锦标赛参赛条款》副本。经仔细阅读,本人已充分理解条款内容,同意依约参赛。

(二)本人正式接受亚洲橄榄球锦标赛参赛邀请,并已将相关文件副本提交所属协会。作为该协会注册运动员,本人已审阅并完全理解参赛条款全部内容。

(三)本人无条件承诺遵守《世界橄榄球协会条例》所有竞赛规定,严格执行本参赛条款。同时接受赛事主管、协会授权代表、争议委员会及依本条款设立的纪律委员会、反兴奋剂机构等所做出的具有最终约束力的裁决,且放弃对该等决定的撤销或修改权利。

(三)本人保证在协议有效期内,严格遵守参赛协议中的独家参赛义务,不参与任何非经许可的橄榄球赛事活动。

第三章 医疗安排

以下是基于世界橄榄球赛事最新发布信息的整理。亚洲橄榄球协会可能会根据实际情况不时对本节内容进行更新及修改,并将及时通知相关参赛协会。

一、参赛协会的责任

(一)遵守规定

所有球队成员,包括医疗队成员,在各方面均需严格遵守所有规则、规程、参赛协议、参赛条款,以及所有医疗标准、指导方针、程序、政策和协议。此外,对于根据这些标准发布的指示和指令,也必须一并遵守。参赛协会应对其球队成员或任何其他球队医务人员违反上述任何规定的行为承担相应责任。

(二)医疗团队专业保障与保险

队医、物理治疗师或培训员在东道主协会管辖范围内提供医疗救治时,有责任确保适当的保险覆盖。参赛协会应确保医疗队成员充分遵守这一保险规定,以保障医疗救治工作的顺利进行。

(三)文件与参考资料管理

以下文件与球员福利密切相关,参赛医疗队应在锦标赛开始前为所有球员填写完毕。同时,参赛医疗队应利用以下参考文件,协助所有球员完成比赛前的检查工作。这些文件应由参赛医疗队妥善保存,作为记录备查,并在比赛日医生(MDD)/赛事医疗顾问(TMA)提出要求或指示时,随时提供查阅,见表 3-1。

表 3-1 球员福利相关文献及链接

文献	链接
脑震荡管理 SCAT5	http://bjsm. bmj. com/content/bjsports/early/2017/04/26/bjsports - 2017-097506SCAT5. full. pdf
心脏筛查问卷	http://playerwelfare. worldrugby. org/? documentid=103
分级重返比赛(GRTP)	http://playerwelfare. worldrugby. org/? documentid = module&module =22§ion_id=241
治疗学使用豁免(TUE)	http://playerwelfare. worldrugby. org/? subsection=39

(四)医务人员

在所有亚洲橄榄球赛事中,为了确保运动员的福利达到最优,参赛协会的医务人员团队中，至少应有一名成员完成世界橄榄球规定的橄榄球即时护理（ICIR）二级课程，或获得同等水平的体育运动即时护理认证（如 PHICIS L2）。

医务人员，包括队医、物理治疗师、医院护士和运动训练员等医疗实践者，作为赛事管理团队的重要组成部分，必须满足以下要求：

- 他们应在各自医疗领域内具备相应的资格，并在相关监管机构完成全面注册。
- 他们应持有有效职业保障保险，至少覆盖比赛期间，且保险条款应明确其保障范围。
- 他们应充分理解、严格执行并遵守所有规则、规程，以及所有医疗标准、指导方针、程序、政策和协议，特别是与血液损伤、脑震荡和受伤替代球员相关的规定。

这些要求旨在确保医务人员能够提供专业、及时的即时护理服务，为运动员的健康和安全提供有力保障。

在可能的情况下，完成以下世界橄榄球在线教育模块单元（表 3-2）：

表 3-2　在线教育内容及链接

在线教育单元	链接
橄榄球比赛中的即时护理	http://playerwelfare.worldrugby.org/immediatecareinrugby
比赛日医务人员的医疗协议	http://playerwelfare.worldrugby.org/?documentid=module&module=23
医生和保健专业人员的脑震荡管理	http://playerwelfare.worldrugby.org/?documentid=module&module=22
世界橄榄球保持橄榄球纯洁反兴奋剂单元 *	http://keeprugbyclean.worldrugby.org/
保持橄榄球在位	http://integrity.worldrugby.org/index.php

* 世界反兴奋剂协会（WADA）禁赛单（www.wada-ama.org/en/resources-世界橄榄球管理条例 21 附表 2）列出了“在比赛中”和“非比赛中”被禁止的物质和方法。请注意，世界反兴奋剂协会（WADA）每年在 1 月 1 日更新这份清单，并张贴在以上网站的链接上。所有球员、球员支持人员和协会代表必须定期查阅最新的世界反兴奋剂协会（WADA）禁赛清单。为每名球员填写亚洲橄榄球（AR）医疗摘要。

为确保完全符合规定，所有球员、球员支持人员及协会代表均须定期查阅并充分了解世界反兴奋剂协会（WADA）最新发布的禁赛清单内容。此外，对于每名球员，都应填写亚洲橄榄球医疗摘要，以记录其相关医疗信息。

确保所有球员均符合旅行和参赛的健康要求。参赛协会必须提供书面确认函或证书，证明球队所有成员在医疗、精神、牙齿及身体健康方面均适合出席并参加锦标赛。为明确起见，医疗健康包括但不限于心脏健康、脑震荡康复及无疾病状态。

参赛协会通过其队医和协会首席医务官员（CMO），独立负责确保对球队成员进行的所有医疗、牙齿及身体检查，以及对其医疗、心理、牙齿及身体健康史的审查，均由合格且具有适当经验的人员完成，以履行参赛协会的义务。

此外，参赛协会应采取必要措施，确保立即遵守亚洲橄榄球、亚洲橄榄球首席医疗官、赛事医疗顾问、赛事医疗主任（东道主）、比赛日医生发出的任何指示、指令。这包括但不限于有关受伤球员移出赛场、不返回赛场继续比赛的决定。

关于球队医生在东道主国家的执业、临时注册限制，各国立法不同，对球队医生在球队中从事义务工作的范围有所规定。一些国家允许临时注册，而另一些国家可能规定，所有医疗护理必须由当地指派的医生进行临床治疗。医务人员应始终亲自负责了解并遵守东道主国家适用的法律和条例。

(五) 队医随队同行

为了球员的最大利益，随队参加亚洲橄榄球赛事的队医应获得以下适当的认证，见表 3-3：

表 3-3　随队队医应获得的认证

亚洲橄榄球赛	建议最低要求 *	规定最低要求 *
ARC、ARC 第一级别、ARSS 等	通过 2 级 ICIR 或 PHICIS 培训	通过 2 级 ICIR 或 PHICIS 培训
ARC 第二、三级别	通过 2 级 ICIR 或 PHICIS 培训	通过 1 级 FAIR 或 ARFIS 培训
年龄分级赛事	通过 2 级 ICIR 或 PHICIS 培训	通过 1 级 FAIR 或 ARFIS 培训

* 这些所需的培训和教育（T&E）可以通过世界橄榄球提供的在线及面对面课程培训体系来获取，或者参加同等的 PHICIS 课程。如需了解更多信息或报名参加，请通过各自的协会联系目前在香港或新加坡的世界橄榄球亚洲区域培训经理（RTM）或 PHICIS 组织者。此外，相关课程也会在亚洲橄榄球官方网站上公布，方便大家查阅和选择。

(六) 球队进口药品和补给品

1. 药物合法性认知

各球队需明白，某些在本国合法的药物，在东道主国家可能被视为非法或受控物质。

如有疑问，应查阅东道主协会的国家卫生部门网站以获取准确信息。

2. 医务人员资格证明

建议球队医生或医务人员携带由国家医疗协会出具的证明信件，以证实其注册执业医生或医疗保健专业人员的身份，以及作为球队正式医务人员的资格。

3. 法律遵守与反兴奋剂要求

医疗团队成员需负责了解并遵守东道主国家的法律和法规。

球队成员必须严格遵守锦标赛的反兴奋剂方案和规程，注意禁用清单与物质分类可能存在的差异。

(七) 感染控制和临床废物管理

参赛团队医务人员必须严格遵守东道主协会规定的感染控制和医疗废物管理标准，以确保比赛期间的卫生和安全。

(八)东道主协会职责

1. 医疗设施提供

东道主协会应确保在所有比赛场地和各队训练场地提供完备且适当的医疗设施,以满足参赛队伍的医疗需求。

2. 医疗服务和资源协调

在比赛期间,东道主协会负责提供全面的医疗服务和设施,并协调各队能够获得的医疗服务资源,确保比赛顺利进行。

3. 医疗指导原则制定与分发

东道主协会将制定东道主医疗指导原则,并将其汇编成简明的印刷资料。

在锦标赛开始前的领队会议上,这份资料将分发给所有参赛协会,以便各队了解和参考医疗程序、政策和紧急应对协议。

4. 赛事医务主任任命

东道主协会应负责为亚洲橄榄球赛事确定并任命一名指定的赛事医务主任,负责赛事期间的医疗管理和协调工作。

如需更多建议,东道主协会可以请求亚洲橄榄球医疗委员会就任命合适人选提出意见和指导。

综上所述,这些规定和指导旨在确保球队在参加国际橄榄球比赛期间,能够合法、安全地使用药品和补给品,严格遵守感染控制和医疗废物管理标准,以及确保东道主协会提供完备的医疗设施和服务,保障比赛顺利进行和参赛人员的健康权益。

二、赛事医务主管职责

(一)赛事医务主管应代表东道主协会行事,在比赛期间负责规划、提供和交付比赛场地、训练场地以及各参赛队住宿所在城市和地区的所有医疗服务和设施,并确保这些服务与世界橄榄球锦标赛的需求相一致。

(二)赛事医务主管应确保比赛场地配备有适当合格且有经验的支助人员、设备和设施,并为球队基地提供便捷的其他医疗服务获取途径。

(三)赛事医务主管应负责向所有球队医务人员和比赛日医务人员详细解释与比赛日医疗管理相关的规则、规程、医疗标准、指导原则、程序、政策和协议,内容包括但不限于流血替代和脑震荡管理。

(四)赛事医务主管对流血伤害管理和脑震荡“识别与移离”负有最终责任,并应酌情促进和协助执行亚洲橄榄球伤害审核表和世界橄榄球灾难性严重伤害调查。在锦标赛或比赛期间,赛事医务主管有可能担任比赛日医生和/或即时护理主管(ICL),并负责根据需要任命其他医务人员,包括具有适当资格和经验的医疗支助人员(如救护车人员)、比赛日医生、即时护理主管、即时护理组成员和医务经理。至少在比赛开始前一天,赛事医务主管应对所有参赛球队的医务人员就主办方的医疗指导方针进行一次完整的简要指示。

(五)赛事医务主管资格要求。应为由东道主协会认可并具有恰当资格的合格代表担任;应由亚洲橄榄球医疗委员会认可,并具备适当的培训经验;最好是在运动医学、急诊医学或骨科医学方面合格的医生；应具备参加世界橄榄球 2 级橄榄球比赛即时护理(WR L2 ICIR)或 3 级 LAICIR(或同等的 PHICIS)赛场边即时护理培训课程的适当资格；应在橄榄球及体育赛事中具有提供赛场边即时护理的适当经验；在管理脑震荡“识别与移离”方面应具备适当的认识、知识、培训和经验。

在世界橄榄球在线教育单元中完成下面最新认证，见表 3-4：

表 3-4　赛事医务主管应完成的认证内容

在线教育单元	链接
比赛日医务人员	http://playerwelfare. worldrugby. org/? documentid = module&module = 23
世界橄榄球反兴奋剂“保持橄榄球纯洁”教育计划	http://keeprugbyclean. worldrugby. org
世界橄榄球反腐败和赌博“保留橄榄球在位”教育计划	http://integrity. worldrugby. org/

三、医疗记录

(一)医疗记录表格

东道主协会医疗团队必须确保各球队按照亚洲橄榄球医疗委员会确定的最佳做法，保存所有球员评估和治疗的书面医疗记录。东道主协会的医疗团队应参考以下文件，以协助准备所有亚洲橄榄球比赛中的医疗安排。具体内容见表 3-5。

表 3-5　可供医疗团队使用的参考文件

文件	链接
世界橄榄球比赛最低医疗标准和医疗术语	http://playerwelfare. worldrugby. org/? subsection = 3
世界橄榄球高温指导原则	http://playerwelfare. worldrugby. org/? subsection = 6
世界橄榄球雷电安全指导原则	http://playerwelfare. worldrugby. org/? subsection = 67
世橄榄球脑震荡指导原则	http://playerwelfare. worldrugby. org/? subsection = 57

(二)赛事医疗报告

在亚洲橄榄球赛事中，若医疗保障被认为是适当的，并且不需要指派医疗顾问，则东道主协会医疗团队的医务主管应遵循以下规定：在赛事结束后 4 周内，向亚洲橄榄球医疗委员会的赛事医疗协调员提交赛事后的医疗报告。报告的具体格式可向亚洲橄榄球医疗委员会赛事医疗协调员索取。这一要求旨在确保赛事的医疗保障工作得到全面总结和记录，以便未来参考和改进。

在亚洲橄榄球比赛中，若认为医疗顾问必须到场，则医疗顾问应承担以下责任：在赛事结束后的4周内,向亚洲橄榄球医疗委员会赛事医疗协调员提交赛事后的医疗报告。该报告应包含损伤审查报告等详细内容,以全面反映赛事期间的医疗状况、球员受伤情况及处理措施。这一要求有助于确保赛事的医疗保障工作得到及时、准确的总结和记录,为未来的赛事医疗安排提供参考和借鉴。

四、比赛场地医疗设施

(一)急救站设置要求

每个场地都必须设立一个急救站,该急救站专门用于球员和比赛日官员的医疗护理,并必须满足以下要求:

1. 急救站应设在从赛场和出口附近易于到达的位置,以便高级护理人员能够迅速到达,并确保急救程序,特别是救护车的运行不受阻碍。

2. 急救站最好位于没有公共通道的地方,以减少干扰和确保医疗护理的私密性。

3. 对于任何可能出现的人群医疗或伤害问题,急救站必须做出单独安排,以确保能够迅速、有效地应对。

4. 如果使用多个场地进行比赛,急救站应设在中心位置,并应便于所有场地和紧急运输工具到达,以确保在紧急情况下能够迅速提供医疗援助。

(二)场边急救站最低标准指导方针

为确保场边急救站能够有效提供医疗护理,建议设置以下基本设施作为最低标准:

1. 带出口的覆盖区域。通常是一个带围挡的帐篷,以提供遮蔽和保护,同时确保有足够的出口以便在紧急情况下迅速疏散。

2. 通风系统。配备风扇或空调系统,以保持急救站内的空气流通,为医护人员和患者提供舒适的环境。

3. 合适的电气照明和插头。确保急救站内有足够的照明,以便在夜间或光线不足的情况下进行医疗操作,并提供插座以供医疗设备使用。

4. 冰容器和充足可用的冰。用于冷敷受伤部位,减轻肿胀和疼痛。

5. 诊查台或带遮挡的理疗台。提供一张或几张诊查台或理疗台,以便医护人员进行检查和治疗,如有可能,应带有遮挡以保护患者隐私。

7. 瓶装水。供医护人员和患者饮用,保持身体水分。

8. 室内桌椅。为医护人员提供休息和记录医疗信息的地方。

9. 垃圾箱。设置垃圾箱,并每天清空,以保持急救站的清洁和卫生。

10. 对讲机。至少配备两套对讲机,以便医护人员之间进行有效沟通,特别是在需要紧急协调时。

11. 枕头和毯子。为患者提供舒适的休息环境,特别是在需要长时间等待或转运时。

这些设施是场边急救站的基本配置,旨在确保在比赛中能够及时、有效地提供医疗护理,保障球员和比赛日官员的健康和安全。

(三)边线设备

以下设备是预期的最低要求,绝非不能添加其他设备。可用设备的数量和类型将取决于可用的人员的资质,并且应酌情设置在医疗帐篷(技术区或指定的医务室)。

这意味着,在设立医疗设施时,必须至少满足列出的基本设备要求,但并不局限于这些设备。根据现场医疗团队的资质和实际需求,可以适当增加设备种类和数量。这些设备应根据实际情况,被妥善安置在医疗帐篷、技术区或指定的医务室内,以确保医疗服务的顺利进行。

1. 场地边线外或医疗帐篷内的设备需求见表 3-6。

表 3-6 需要准备的边线外或医疗帐篷内的设备

设备	备注
脊柱损伤救治设备	脊柱长板或 SCOOP EXL(首选)与所有附件,包括躯体束缚带和垫头块,至少有两套设备齐全的长板可随时提供;可调护颈,至少有两套可随时提供
夹板和锁止系统	上肢(包括手指)、骨盆和下肢损伤的夹板
基础生命支持(BLS)	气道(鼻咽、口咽、I-gels);呼吸(氧气、呼吸面罩、非再呼吸面罩、袋阀面罩);血液循环(自动体外除颤器)
高级生命支持(ALS)	获得设备和药物以维持高级心肺支持静脉输液(IV lines and fluids)
医疗设备	笔式手电筒血压计(首选自动类型);血糖仪;温度计等
医疗表格	格拉斯哥昏迷量评分(GCS)记录表亚洲橄榄球损伤审查表亚洲橄榄协会样本表格 B 部分斯内伦图表(如果可能)袖珍脑震荡识别工具
治疗一系列可能危及生命的情况所必需的药物	哮喘(例如雾化器);过敏性反应(例如肾上腺素,肾上腺素自动注射器);癫痫发作(例如直肠地西泮);低血糖(例如葡萄糖);肌肉骨骼(MSK)疼痛(例如 Penthrox 或 Entonox)
带有急救设备的急救包	急救剪刀(钝头);非乳胶手套纱布拭子鼻塞毛巾弹力压缩绷带(5 cm、7.5 cm);各式护创伤胶布弹力黏性绷带(5 cm、7.5 cm);无菌生理盐水/洗眼液用于冲洗伤口的瓶装水;不粘敷料(例如无菌伤口敷料、三角绷带胶带;冰袋;塑料袋;保鲜膜;镜子等锐器容器;临床废物容器)

2. 医疗室设备

在考虑医疗室设备的最佳配置时,特别是在急救治疗可得且急救地点易于到达的场景下(例如,有远程救护车支持),医疗室的设计应涵盖一系列关键要素以确保高效且全面的医疗服务。以下是对这些关键要素的详细阐述。

(1)通风系统:医疗室应配备有效的通风系统,无论是风扇还是空调系统,以确保室内空气质量,减少交叉感染的风险,并为医疗人员及患者创造一个舒适的工作环境。

(2)电气照明与电源:适当的电气照明设备是必需的,以确保医疗操作能在充足的光线下进行。同时,应提供足够的插头以满足各种医疗设备的使用需求。

(3)冷藏设施:医疗室应设有冰箱或冷冻柜,并备有充足的冰源,用于储存疫苗、药品和其他需要冷藏的医疗用品。

(4)诊察与理疗台：至少应配备一张或多张诊察台，以及可能需要的带有遮挡的理疗台，以便进行初步的诊断和治疗。

(5)通信设备：移动电话信号接收装置、移动电话及充电器是紧急行动计划中不可或缺的。它们用于在紧急情况下与急救人员、转诊医院、球员家属或朋友等关键人员保持联系。

(6)卫生设施：提供洗手液和充足的清洁冷热水源，以维持良好的个人卫生习惯，减少疾病传播的风险。

(7)废物处理：锐器容器、临床废物容器和垃圾箱的配备，有助于规范医疗废物的处理，防止环境污染和交叉感染。

(8)辅助家具：桌椅等基本家具应齐全，以支持医疗操作和患者的舒适等待。

(9)辅助呼吸系统：如果可能，应接入比赛现场的辅助呼吸系统，为需要呼吸支持的患者提供及时帮助。

(10)医疗设备与药物：医疗室应备有为基本和高级生命支持所需的医疗设备，以及处理一系列可能危及生命情况的药物。这包括但不限于心脏复苏设备、监护仪、输液设备等。

(11)急救包：配备带有急救设备的急救包，以应对突发的轻微伤害或紧急情况。

(12)医疗表格：提供必要的医疗表格，用于记录患者的病史、诊断结果和治疗措施等信息。

综上所述，医疗室的设备配置与救护车的服务要求共同构成了体育赛事中紧急医疗服务的重要组成部分，旨在确保运动员、官员和观众的安全与健康。

在每场比赛开始时，每场比赛的场地至少有一辆配备齐全的救护车，这辆救护车需要配备能够为比赛场地提供基本支持和高级生命支持的设备，包括但不限于心脏复苏设备、监护仪、输液装置等，以准备将受伤的球员或官员转运至急救设施处。除了为现场观众提供必要的救护车服务外，救护车还应为比赛场地内的所有人员提供其他急救服务，确保全面覆盖。如果救护车因某种原因需要离开比赛场地，只有在医疗设施和工作人员可以为医务人员的能力和设备提供安全环境的情况下，即具备提供高级生命支持的技能和能力，包括应付心搏骤停、头部损伤、紧急医疗情况和危及肢体的创伤的技能和能力，比赛才能继续进行。赛事医务主任和(或)亚洲橄榄球医疗委员会的赛事医疗顾问应负责决定救护车离开后是否可以继续比赛。在不允许救护车停留在体育赛事中的东道主国家，救护车和急救服务的获得必须提交给亚洲橄榄球竞赛部门以获得授权，且建议场边的医疗提供至少应具备世界橄榄球协会医疗 2 级或同等资格证书，并同样具备提供高级生命支持的技能和能力，包括但不限于应对心搏骤停、头部损伤、医疗紧急情况和危及肢体的创伤等，以确保体育赛事中医疗服务的及时性和有效性。

五、亚洲橄榄球赛事指定医疗团队的作用

在亚洲橄榄球赛事中，指定医疗团队在受伤害情况下的作用至关重要。当发生明显的脑震荡或其他潜在的灾难性事件时，即时护理团队(ICT)应立即介入。若医疗团队医务人员持有世界橄榄球协会医疗 2 级或同等资格证书，他们或由裁判员指定的球员将由这些医务人员护理。若球队医务人员未达到世界橄榄球医疗 2 级或同等资格证书，ICT 则作为主要响应者参与伤害护理。

一旦ICT接手球员，该球员的护理责任即由比赛日医生（MDD）或即时救治主管（ICL）承担。MDD或ICL将评估球员状态，决定是否允许其重返赛场，这可以在赛场或更衣室内进行。护理责任的正式转移需通过MDD/ICL确认后，将球员转给球队医务人员或移交救护车随车人员/医院工作人员进行非现场医疗护理来完成。

关于比赛面积内紧急服务的请求，将由MDD或ICL协调。对于头、颈、背部或下肢严重损伤的球员，必须使用脊柱救援担架抬离赛场。球员不应由理疗师协助蹒跚离场，而应按照协议，使用可折叠担架快速有效抬离。

MDD或ICL将在场上或场下检查球员，并决定是在医疗站处理还是转往医院。若球队无队医或可用医务人员（无论因接触受伤球员或其他原因），MDD或ICL将负责球员是否适合留场的建议和决定。若决定转院且需持续紧急护理，MDD或ICL将派医疗团队成员随救护车同行。球员所属球队的一名成员必须陪同前往医院。MDD或ICL将与救护车和医院保持联系，并在适当情况下，向球员所属球队的医疗人员、领队及家属提供最新信息。

六、脑震荡“识别与移离”

作为对赛事负全面责任的实体，亚洲橄榄球将使用世橄协“识别与移离”脑震荡协议（可查询 http://playerwelfare. worldrugby. org/? documentid=112），具体内容见表3-7：

表3-7　“识别与移离”脑震荡协议

识别	了解脑震荡的体征和症状，这样你就能理解球员何时可能有疑似脑震荡
移离	如果球员有脑震荡，或甚至疑似脑震荡，该球员必须立刻从比赛中移离
移交	一旦从比赛中被移离，球员应立刻移交给受过培训且合格的比赛日医生
休息	该球员必须停训休息，直到没有症状，然后开始“分级返回比赛”，世界橄榄球协会建议儿童和青少年返回比赛应更为保守
恢复	在返回比赛获得批准之前，必须从脑震荡中完全恢复。这包括应该没有任何脑震荡的症状。休息和具体的治疗方案对于参赛者的健康至关重要
返回	为了安全地返回橄榄球比赛，运动员必须是无症状的，并经由经过脑震荡评估和治疗培训的合格保健专业人员书面批准。运动员必须遵守/完成分级返回比赛（GRTP）协议
患有脑震荡的球员不得返回比赛，直到：他们的症状完全消失；他们已经遵循分级返回比赛的协议；他们通过了体格检查批准返回	

（一）亚洲橄榄球赛事中以“识别与移离”为基础的脑震荡或疑似脑震荡的管理

（1）识别与移离原则

在头部撞击或脑震荡事件发生后，任何被怀疑有脑震荡的球员都将立即被永久移离比赛或训练。这一决策由经过脑震荡管理培训且合格的比赛日医生做出。若东道主协会医疗团队无法履行此职责,亚洲橄榄球医疗委员会将指定一名合适的人员(如“脑震荡教练”)来支持,通过现场指定的亚洲橄榄球赛事医疗顾问进行协助。

对于是否允许临时替换接受头部损伤评估的球员,除非该评估是特别要求并得到世界橄榄球的批准用于预先确定的赛事,否则在“识别与移离”协议中不应规定此类替换。

(2)裁判员与即时护理团队的角色

亚洲橄榄球建议所有比赛裁判员完成一般公众的脑震荡管理课程。在赛场上,裁判员应使用技术性判断来确定球员是否存在脑震荡或疑似脑震荡,并安排比赛日医生或医疗顾问对球员进行评估。若比赛日医生因处理其他伤害而不在场,裁判员应决定将该球员移离比赛以进行医学评估。

即时护理团队在比赛场地发生头部撞击或脑震荡事件后应能够被迅速召唤,以应对受伤的球员。比赛日医生应在场外进行评估,且评估过程应不受时间限制,以确保评估的准确性和完整性。

(3)医学评估与休息期

在头部撞击脑震荡评估期间,任何临床怀疑或显著疑点都应推翻表面上的正常反应。医务人员应仔细进行医学评估,并针对具体情况提供适当的即时护理。

被移离的受伤球员应由同一队的另一名球员替代。被判定为脑震荡或疑似脑震荡的球员应立即根据世界橄榄球/亚洲橄榄球脑震荡指导原则进行强制性的身体最低限度的休息。休息期是脑震荡后恢复的关键因素,球员不得在同一天返回比赛或训练,并应在当天接受体检。

(4)重返赛场计划

球员应遵守脑震荡后的建议,包括积极监督的要求以及不得操作车辆或机械。在参加逐步受监督下的重返赛场计划前,球员应完全解决相关症状。在进一步参加锦标赛之前,球员应完成所需的休息期,并在获得医疗许可的情况下履行分级返回比赛(GRTP)协议。

综上所述,亚洲橄榄球赛事中的脑震荡或疑似脑震荡管理严格遵循“识别与移离”原则,确保球员的健康和安全得到最大程度的保障。

(二)亚洲橄榄球关于脑震荡或疑似脑震荡休息恢复和返回进行比赛的建议

所有受伤的球员都应严格遵守适当的恢复期限,这一期限将依据脑震荡相关症状的持续时间和严重程度来确定。这些相关症状可能包括但不限于失去意识、持续性头痛、视力模糊、听力障碍、平衡问题以及颈部损伤等。症状的持续存在可能会延长所需的休息时间,并可能需要进一步的专业评估。

为确保球员能够完全恢复并减少并发症的风险,应为所有年龄段的球员分配足够的恢复期。这一恢复期应足够长,以便球员能够完全解决所有症状,并恢复到受伤前的健康状态。

在考虑球员逐步返回比赛之前,必须确保他们在休息期间无症状,并且如果可能的话,他们的 SCAT5(运动员脑震荡评估工具 5)水平已恢复到基线(参赛前)状态。在没有个人基线 SCAT5 数据的情况下,决定球员的恢复进展将更具挑战性,因此医疗团队需要依靠其他临床评估手段来确定球员的恢复状况。

受伤球员应在必要的最短时间内接受医疗评估，并在开始进入分级返回比赛计划之前进行全面的健康检查。这一评估将帮助医疗团队确定球员是否已准备好开始逐步恢复训练。

球员的恢复进展应逐步进行，并且只有在每个所需的渐进阶段进行了24~48小时无症状的运动（训练）后，才能考虑进入下一个阶段的恢复。这一逐步进展的过程将确保球员的身体和大脑有足够的时间来适应并恢复，从而降低再次受伤的风险。

总之，亚洲橄榄球对于脑震荡或疑似脑震荡的休息恢复和返回比赛的建议非常严格且全面，旨在确保球员的健康和安全得到最大程度的保障。球员、教练和医疗团队都应严格遵守这些建议，以确保球员能够全面康复并安全地返回赛场。

以下是亚洲橄榄球医疗委员会对脑震荡后休息的最短时间、分级返回比赛以及停止参加比赛时间的建议，具体内容见表3-8：

表3-8　亚洲橄榄球医疗委员会推荐的返回比赛时间表

年龄段	脑震荡强制休息时间（最低）	分级返回比赛	停赛最短时间（包括恢复期）
精英 *	24小时	5天	6天
成年	7~14天	5~8天	12~22天（总共错过1~3周）
U6~U19	14天	8天	22天（总共错过3周）

* 使用加速的分级返回比赛协会必须证明他们拥有准备就绪的高级护理程序。

七、世界橄榄球协会心肺筛查指导原则

亚洲橄榄球协会对于球员心脏健康的保障措施极为严谨，明确强调各参赛协会需主动承担起心脏筛查的责任，并确保球员在参与赛事前具备相应的健康条件。以下是对此政策的全面阐述：

亚洲橄榄球协会坚决支持并倡导对球员进行心脏筛查，以此作为保障球员健康、预防潜在心脏疾病风险的重要手段。各参赛协会被明确告知，这是其独有的责任，必须确保每位球员在参与赛事前都经过了必要的心脏健康评估。若心脏筛查结果显示有进一步查明的必要，相关检查和评估必须在球队离开其国家前全部完成，以确保球员在赛事期间不会因心脏健康问题而受到影响。

为了确保心脏筛查的有效性和全面性，亚洲橄榄球协会支持并采纳了世界橄榄球协会对国家和国际赛事（非世界橄榄球管理范畴）以及职业俱乐部提出的心脏筛查建议，并将其作为参赛协会必须遵循的最低标准。具体而言，对于20岁以下的球员，建议进行常规心脏筛查；而对于20岁以上的球员，如果其先前未接受过心脏筛查、先前检查中存在疑虑，或者球员出现了可能预示心脏疾病的症状或体征，同样建议进行心脏筛查。

在心脏筛查的具体实施上，我们推荐至少填写一份心脏筛查问卷，如世界橄榄球协会提供的心脏问卷（可通过世界橄榄球协会官方网站查阅）。对于20岁以下的球员，理想情

况下应每两年进行一次重复筛查,以持续监测其心脏健康状况。同时,对于所有运动员而言,如果心脏在任何时候出现症状或症状变得明显,都应立即进行心脏筛查。

此外,我们建议在心脏筛查过程中结合心血管身体检查,特别是对于那些最有可能接触到球队医生的球员而言。如果条件允许,心电图也应被视为这一筛选过程的重要组成部分。对于 18 岁及以下年龄的球员,心脏筛查问卷应在父母或监护人的监督下填写,以确保问卷内容的准确性和完整性。

为了确保心脏筛查的顺利进行,我们要求筛查应在距离赛事地点或比赛地点的合理距离内进行,以减少球员的不便和额外负担。同时,我们强烈建议所有球员在进行心脏筛查评估前签署一份心脏问卷免责声明(同意)书。此同意书应包含有关检测到心脏异常可能性的信息,以及如果检测到异常可能产生的结果和后续措施。为了确保球员的充分了解和自主决策,我们建议在签署本同意书后到进行心脏筛查前设置一个冷静期。

如果在心脏筛查后怀疑球员存在心脏异常,我们强烈建议其在进一步参与运动前接受额外检查,以明确诊断结果。同时,我们应特别关注那些属于高危心脏猝死群体的球员,以便对其进行更详细、更频繁的心脏筛查,从而最大程度地降低潜在风险。

综上所述,亚洲橄榄球对于球员心脏健康的重视程度不言而喻。我们坚信,通过严格的心脏筛查措施和全面的健康评估,我们可以为球员提供一个更加安全、健康的比赛环境,让他们能够充分发挥自己的潜力,享受橄榄球带来的乐趣和挑战。

(一)比赛日信号

以下手势将被统一采用,并由所有负责管理和照顾受伤球员的人员在整个比赛过程中使用,以确保快速、准确且有效的沟通:

(1)呼唤担架:如果发生骨折、脱臼和严重软组织损伤(双手在身体两侧上下移动)(图 3-1)。

侧面

正面

图 3-1 呼唤担架

(2)流血伤害或处理(图 3-2)。

(3)呼唤比赛日医生或即时护理主管,包括即时护理团队要求协助应付任何疑似头部和脊椎损伤(图 3-3)。

侧面

正面

图 3-2 流血伤害或处理

侧面

正面

图 3-3 呼唤比赛日医生或即时护理主管

(二)非比赛日的医疗运行

主办协会将为比赛提供全面的当地医疗服务网络支持,确保所有参赛队伍在比赛期间能够得到及时的医疗援助。这包括在办公时间后为所有参赛队提供充分的医疗咨询和支持,以满足球员可能遇到的任何健康问题。然而,需要注意的是,如果参赛队伍需要使用这些非办公时间的医疗服务,相关的费用将由各自的参赛协会自行承担。这样的安排旨在确保医疗资源的有效利用,并让各参赛协会对其球员的健康管理负责。在非比赛日期间,医疗服务将以个人负责的形式提供给球员,确保他们在休息和准备期间也能得到必要的医疗照顾。此外,亚橄榄球赛事或比赛在非比赛日的医疗运行将由东道主医疗经理全面负责,他们将协调并监督所有医疗活动的进行,确保球员的健康和安全得到最大限度的保障。

(三)医疗服务目录

东道主协会将编制一份全面的医疗服务目录,详细列出每支球队驻地位置的执业医生和服务提供者的联系电话。该目录将确保每位球队成员在需要时能够迅速联系到附近的医疗服务。此目录应包括以下服务类型:

1. 急救服务(emergengy medical services);

2. 全科医生(general practitioners);

3. 专科医生(specialist);
4. 医疗成像与检查(medical imaging and examination);
5. 牙科手术(dental surgery);
6. 理疗中心(physiotherapy centre);
7. 药房(pharmacy);
8. 医疗设备供应商(medical equipment supplier);
9. 本地按摩服务(local massage support services)。

训练场地本身不配备医疗设施,因此参赛球队需了解并遵循东道主协会提供的紧急护理指南,以应对可能发生的紧急情况。若球队在训练期间需要基础生命支持(BLS)设备,如除颤仪(AED)或氧气等,参赛协会应在首场比赛前至少 14 天与东道主协会取得联系,确认这些设备的可用性。请注意,根据具体情况,参赛协会可能需要支付设备押金以及设备使用费用。确保提前规划并与东道主协会沟通,以保障训练期间的安全与健康。

八、医疗费用和保险

医疗费用和保险必须由参赛协会承担,且需覆盖包括医疗遣返回国在内的所有医疗开支。此保险必须达到能够支付所有医疗程序和紧急情况所需的水平,同时涵盖在东道主国家发生的遣返情况。特别重要的是,该保险必须包括球队任何成员因医疗原因需遣返回国的费用。参赛协会需确保所购买的保险符合这些严格要求,以保障球队成员的健康与安全。

九、付款

比赛当天,比赛场地内提供的所有治疗服务,如缝合、临床评估和现场治疗等,将由东道主协会全面负责并承担相应费用。若球队成员在比赛过程中需要紧急转移至其他急救场所,运送至医院的费用同样由东道主协会承担。

然而,在非比赛日,球员的转运、住院以及比赛之外的任何治疗费用,均需由参赛协会自行支付。这包括但不限于就诊或护理时产生的各项费用。领队需确保携带足够的现金或信用卡以应对这些可能产生的费用,信用卡的签字人必须是旅行团队的成员,且领队可用信用卡提取现金或进行付款。

虽然后续可以向球队或球员的保险公司提出索赔,但领队和球员有责任尽快通知承保人,并就后续事宜与承保人保持沟通,确保所有保险表单得到签署,并在治疗时要求提供必要的文件和报告。这些文件和报告对于保险索赔至关重要。

此外,由于医院通常要求患者提供护照或身份证作为身份证明,领队被建议携带一份护照或身份证的复印件,以备不时之需。

十、比赛环境的安全性

为确保比赛环境的安全,必须对比赛场地、周边区域以及天气状况进行全面评估。比赛环境的安全不仅关乎球员的身体健康,也是比赛顺利进行的基础。以下是对比赛环境安全要求的详细说明:

比赛场地和周边区域应确保无安全隐患。广告板、电线杆、电缆塔和障碍物等必须距离边线至少5米,以提供球员足够的活动空间并减少意外碰撞的风险。若这些障碍物因特殊情况无法移除,则应进行适当的遮盖处理,确保球员在比赛过程中不会受到干扰或伤害。同时,对于比赛围场地面,如沥青或简朴赛道等可能存在安全隐患的区域,也应采取必要的覆盖措施,以减少球员受伤的可能性。

比赛场地的地面材料应符合《世界橄榄球协会条例》的要求。理想的比赛场地应为草皮或符合标准的人工草皮,且地面必须牢固、平整,无危险物品如石头、玻璃等。这样的场地条件有助于球员发挥最佳水平,同时降低因场地问题导致的受伤风险。

在天气状况方面,应密切关注地表水的情况。如果地表水足够多,实际上增加了溺水的风险,那么比赛要么不应开始,要么应立即停止。裁判员在决定是否开始或重新开始比赛时,应充分考虑天气和场地条件,以常识为准,确保球员的安全。

十一、炎热天气——高温指南

研究并未明确指出橄榄球比赛不宜进行的特定温度或湿度范围。但建议指出,当环境温度超过30摄氏度且湿度超过60%时,进行体育比赛是不安全的。这与湿球温度计(WBGT)读数超过28度有关(详见世界橄榄球高温指南:http://playerwelfare worldrugby. org/?subsection=6或见第四部分文件一)。橄榄球运动因其更容易获取液体且冷却潜力较大,所以这一建议尚未被橄榄球协会采纳。这些高温指南旨在最大限度降低中暑风险,为各队伍和场地在极端天气下提供安全运行的体系。赛事主任应对高温和天气情况进行评估,以决定适当的比赛日管理策略。

(一)比赛日干预措施

当热应力指数超过150(或温度高于30摄氏度且湿度高于50%作为粗略指南)时,应采取以下比赛日干预措施:更衣室无空调时需提供风扇;若比赛在直射阳光下进行,边线附近应设置遮阳物;在场地周边关键位置,如球门柱后及每条横线和边线交叉点,放置浸有冰水的毛巾;建议通过立即脱掉球衣和护肩垫,并用冰水擦拭头部和身体来进行冷却。

这项建议也应该适用于更易操作的训练时间。在严重热应激期间建议如下(指数大于150时):计划在一天中最适合的时间训练——查看气象局统计数据;通过训练以允许球员适应——逐渐增加暴露在露天的时间和训练量以及强度;确定可能有病毒感染或体重消减的球员;注意热应激的早期症状;每10~15分钟,安排一次间歇补充液体;每40分钟的训练之后应该有15分钟休息时间,球员在此期间休息、冷却、补水和免受辐射热(阳光直射)。此外,还建议训练服应分量轻、护具宽松,允许汗液蒸发。应始终提供足量的冰。饮料应在已知的温度下提供有助于快速吸收——低于15摄氏度(冰液)。在训练休息期应使用遮阳物。

(二)危机管理

每个训练和比赛场地都应制订危机管理计划,其中应专门包含针对脱水和高热情况的应对措施。及时识别这些症状,并立即采用适当的水合技术和身体冷却方法,将有助于有效缓解或减少由此产生的问题。

十二、反兴奋剂

所有协会和参与者都必须充分了解并遵守《世界橄榄球协会条例》第 21 条。该条例详细阐明了适用于比赛及任何附加赛的反兴奋剂条例。

请特别注意世界反兴奋剂机构(WADA)的禁止清单(《世界橄榄球协会条例》第 21 条附表 2),该清单列出了在比赛期间及赛外均严格禁止的药物和方法。WADA 会在每年 1 月 1 日更新这份清单,并发布在其官方网站 www.wada-ama.org/en/resources 上。所有球员、球员支持人员及协会代表应定期通过该网址查阅最新的禁止清单。

世界橄榄球协会(或其提名人)负责实施或安排药物检查,包括但不限于样本收集、样本分析、结果管理、调查、纪律诉讼以及对违反反兴奋剂规则的行为实施制裁,包括未进行药检的情况。

每个参赛协会及球队成员都应同意并受《世界橄榄球协会条例》第 21 条、本反兴奋剂条款的规定以及据此做出的决定约束。兴奋剂检测可能在比赛期间及赛外任何时候进行。

东道主协会必须在本文件所述的每个指定比赛场地内提供适当且安全的兴奋剂检测设施、后勤及业务支持,以确保反兴奋剂方案的有效执行。

(一)球队成员同意书及护照副本

参赛协会球队中的每名球员都需阅读并签署球队成员同意书(包含在参赛者条款中)。所有球员应知晓,世界反兴奋剂机构会定期更新违禁清单,他们有责任在摄入任何物质前,查阅世界橄榄球和世界反兴奋剂机构网站上的最新清单。球队成员同意书必须在不迟于办赛城市举行球队领队会议时签署,并提交给赛事主任。

(二)治疗用途豁免(TUES)

治疗用途豁免是球员与其处方医师共同向世界橄榄球申请,以合法使用违禁药物治疗医疗状况的过程。建议各协会的医生在锦标赛开始前与每名球员协商,讨论他们目前可能正在服用的药物,以便在必要时申请治疗用途豁免。若未获得正式认可的治疗用途豁免,用于治疗医疗状况的违禁物质的不良分析结果将被视为违反反兴奋剂规定,并可能受到处罚。

(三)治疗使用豁免的申请

申请治疗用途豁免需提供支持的医疗信息,包括全面的病史、所有检查结果、实验室调查、专家医疗报告以及相关影像研究。该申请将由世界橄榄球治疗用途豁免委员会对照世界反兴奋剂机构的治疗用途豁免国际标准进行审查。若符合标准,将向球员发出批准。除非在紧急情况或特殊情况下,球员在服用违禁药物前必须获得批准,且追溯申请必须在治疗 48 小时内提交。这一过程适用于赛事前和赛事期间,除非紧急或特殊情况,否则治疗用途豁免委员会应在球员参加下次比赛前至少 30 天收到申请。

(四)当前有效的治疗用途豁免

若球员已从世界橄榄球治疗用途豁免委员会获得当前有效的治疗用途豁免,且批准条件(如药物、给药途径和/或剂量)未改变,则无须为比赛申请新的治疗用途豁免。但若球员需改变药物、给药途径和/或剂量来管理医疗状况,则现有治疗用途豁免将无效,球员必须在开始新治疗前申请新的治疗用途豁免。

(五)治疗用途豁免的互认

若球员已获得另一个反兴奋剂组织(如国家级反兴奋剂机构)批准的现行有效治疗使用豁免,则需向世界橄榄球治疗用途豁免委员会主席提交申请和批准证书的副本。副本需在相关比赛开始前30天提交,世界橄榄球治疗用途豁免委员会保留审查其他反兴奋剂机构事先批准的任何治疗用途豁免申请的权力。

(六)营养补充剂和药物

球员服用营养补充剂的风险完全由自己承担。鉴于近期有橄榄球球员因使用含有违禁物质的营养补充剂而导致不良分析结果,各参赛协会应告知球员使用此类产品的危险和风险。提醒参赛协会注意反兴奋剂方案的严格责任原则,球员对系统中发现的任何违禁物质负有责任。球员在服用药物(无论是处方还是非处方药)前,也应向协会医生或球队医务人员进行咨询。

(七)比赛中检测

比赛中的检测在比赛结束后立即进行,可能在任何赛事的任何一场比赛结束后进行。世界橄榄球反兴奋剂部门将挑选检测人选,包括替补人选。在选定的球员严重受伤或不适合完成测试过程的情况下,可以使用替补人选,由比赛医务官员决定。若选定的球员在比赛开始前受伤或被替换,除非需要立即住院治疗,否则仍将被选择进行检测。球队管理层通常不会在比赛结束前知道药检人选,兴奋剂控制官员或世界橄榄球反兴奋剂专员无须证明选择原因。

(八)比赛外检测

在赛事期间的任何时间或地点,任何被选中或安排参赛的球员都可能接受比赛外检测。属于世界橄榄球注册检测组或比赛外检测组的球员需遵守行踪要求和后果。所有球员必须随时更新行踪信息,检测应在事先未通知的情况下进行,球员可以通过随机或目标挑选接受检测。

(九)反兴奋剂组织

球员可由世界橄榄球、其国籍所在国的国家反兴奋剂机构(NADO)或兴奋剂检测时居住国的NADO挑选接受兴奋剂管控。世界橄榄球可以授权NADO或独立的反兴奋剂服务供应者代表其进行兴奋剂检测。

(十)样本提供

球员必须提供至少90毫升尿样,并一直保持对尿样的控制,直到样品被密封。兴奋剂控制官员应保证收集样品容器在其视线范围内。在特殊情况下,经球员授权并经兴奋剂控制官员或反兴奋剂专员同意,球员代表或兴奋剂控制官员可在样品收集期间提供额外帮助。血液检测可以与尿液检测一起或自行进行,若进行血液检测,需由合格的血液采集官员负责采血。

(十一)球员代表和翻译

被挑选接受兴奋剂管控的球员有权在过程中有一名代表在场。建议所有参赛协会提供一名代表陪同球员(样本提供除外)。若球员不会说英语,其球队需负责提供翻译人员。翻译可以充当球员代表,也可以是另外一个人。若球员未满 18 周岁,必须有机会由球队代表陪同。

(十二)反兴奋剂教育

世橄协将在赛前向每个参赛协会提供反兴奋剂教育信息和资料。所有资料也可在世界橄榄球协会反兴奋剂网站找到(英文、法文、西班牙文版本)。各参赛协会有责任确保每名参赛的球员、领队、教练和医疗支持人员都受到或获得资料,特别是反兴奋剂手册。参赛协会还需确保新加入的人员都能收到手册,并就反兴奋剂条例和程序提供咨询。所有相关人员必须在参加赛事前完成反兴奋剂电子学习课程。

(十三)未解决的反兴奋剂问题

各参赛协会有责任确保没有未解决样本的结果,没有违反反兴奋剂规定的事件,就比赛而言,对涉及可能违反规定的球员或人员继续进行调查。所有参赛协会不得挑选有相关调查的球员参加比赛。若参赛协会选拔了球员后发现前述情况,应立即通知世界橄榄球反兴奋剂管理者。世界橄榄球有权采取适当步骤,包括但不限于要求参赛协会及官方机构迅速处理此事,在最终确定此事之前暂时停止球员参与赛事。

(十四)更多信息和问题

若任何参赛协会需要进一步信息或对反兴奋剂方案有疑问,请按照联系方式与反兴奋剂管理者联系。

兴奋剂控制室样板如图 3-4 所示。

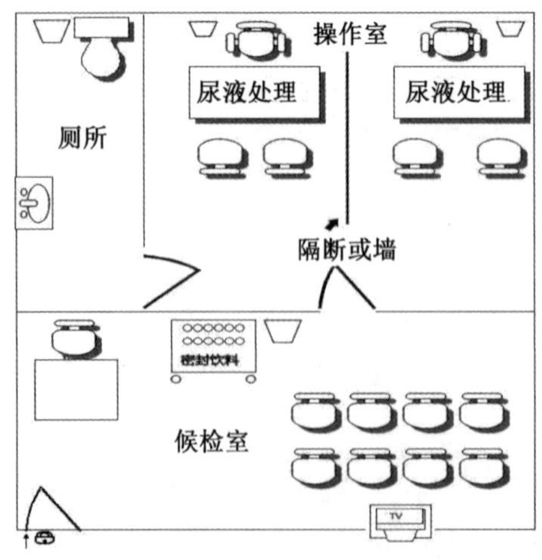

图 3-4　兴奋剂控制室样板

十三、医学检查

参赛协会的唯一责任是确保其所有球队球员在医疗、牙齿和身体上都符合出席和参加锦标赛的要求,并且只有身体、牙齿和身体健康的球员才可以参加比赛。参赛协会完全负责确保其球队球员的所有医疗、牙科和身体检查以及对其医疗、牙科、身体健康史的审查由完全合格和有经验的人员进行,以确保参赛协会遵守本条款规定的义务。参赛协会有责任确保没有未解决的取样结果、违反兴奋剂规定的案件或作为将要或打算参加有关锦标赛或附加赛的参赛协会的一员正在接受涉及可能违反兴奋剂规定调查的球员或其他球队球员。

十四、赔偿与责任

除所签订协议另有规定,本协会应该对参赛协会(及其管理人员、雇员、授权代表和球队成员)因本协会自身或其管理人员、雇员、授权代表未能遵守所签订协议和(或)本参赛条款,和(或)本协会自身及其官员、代理人或授权代表的疏忽或鲁莽行为或遗漏而造成的有关锦标赛及附加赛的损失负有赔偿责任。除所签订协议另有明确规定,参赛协会或其球队成员未能遵守所签订协议和(或)本参赛条款的规定(包括但不限于,参赛协会和球队成员有义务按照参加比赛和任何附加赛),和(或)参赛协会(其官员、授权代表、雇员)和(或)因球队成员在比赛围场内外的与参赛协会及其球队任何成员参加的锦标赛和任何附加赛有关的疏忽或鲁莽行为或遗漏,参赛协会对本协会(及其官员、雇员、授权代表)负有赔偿责任。所签订协议中任何明示或暗示都不会使所签订协议的任何一方对因所签订协议的任何利润损失、预期利润损失、收入损失、预期储蓄损失和(或)与所签订协议相关而产生的任何特殊的、随之而来的或间接的损失、损害、成本或费用承担任何责任。

十五、保险

每个参赛协会及其球队成员应自担风险参加锦标赛和任何附加赛,并要求每个参赛协会为每位球队成员提供适当的旅行、人身事故、公共责任和医疗保险;每个参赛协会将确保在锦标赛及附加赛中为其球队成员提供医疗服务的医生、物理治疗师或其他医务人员在法律上有能力并已对他们在举行特定比赛或附加赛的国家(视情况而定)提供此类医疗服务进行完全投保。参赛协会也应保证应本协会要求提供此类保险单的副本。每个东道主协会将会被要求在赛事期间办理适当的赛事保险和比赛期间的公共责任保险手续,其中应包含各球队出于训练目的而进入场地的时间。

十六、不可抗力

(一)如果本协会或参赛协会因不可抗力而不能或需延迟履行所签订协议规定的部分或全部义务,并在这种情况下,应立即以书面形式通知另一方,说明不可抗力的性质、原因和可能的后果,同时提供可核实不可抗力事件的证据,以及它估计的不可抗力事件将持续的时间。

(二)如果本协会因不可抗力而无法履行所签订协议规定的部分或全部义务,参赛协会应尽最大努力提供本协会可能要求的援助,以避免或减轻不可抗力事件的后果或可能的后果。

(三)如果本协会因不可抗力而认为自己无法履行所签订协议条款规定的任何义务,并且协会认为在这种情况下,参赛协会不能直接履行其任何义务,则参赛协会不会被视为违反其因不可抗力事件而直接受协会意见影响的义务，在此期间，协会认为自己因不可抗力事件而无法履行所签订协议规定的义务。

（四）如果参赛协会因不可抗力而无法履行其在所签订协议规定的部分或全部义务，本协会可自行决定，但不限于采取下列措施中的一项或多项：本协会自行采取或要求参赛协会采取本协会认为必要的行动，以确保赛事在尽可能减少中断的情况下进行，以保护其完整性。

（五）通过通知参赛协会立即终止所签订协议而不受处罚。如果本协会行使上述 14.4 条规定的一个或多个措施，参赛协会应同意本协会合理要求（视具体情况而定）采取任何和一切行动，尽量减少延误，以确保锦标赛及附加赛以最少中断的方式进行，并在合理可行的情况下，按照本参赛条款所列的或本协会另外指示的日期和比赛场地进行。

（六）各方同意上述 14.4 和 14.5 条的运作所引致的费用应按如下方式处理：

1. 在不止一个参赛协会受到同一不可抗力影响的情况下，参赛协会必然引致的并且经本协会预先批准的合理费用应由本协会承担（对于特殊情况和需要保护锦标赛及附加赛和资格认证过程的完整性和最大利益的情况下，此类批准不得被不合理地拖延或拒绝给予）。

2. 在所有其他情况下，费用应由参赛协会负担。而对应支付的相关款项有异议，双方应酌情将争议提交给仲裁官员、纪律委员会或争议委员会。

3. 如果球队未能或拒绝按照官方比赛日程安排参加包括附加比赛的比赛，或在比赛结束前放弃包含附加比赛的比赛，并声称失败，拒绝或放弃是由于比赛在不可抗力的情况下，此事应由赛事主管处理或由赛事主管转交给仲裁官员/纪律委员会/争议委员会。如果赛事主管或仲裁官员/纪律委员会/争执委员会（如适用）认为此类失败，拒绝或放弃的原因不构成不可抗力，则赛事总监或仲裁官员/纪律委员会/争议委员会（如适用）有权根据本《参与条款》采取其权限内的行动，包括但不限于对相关参赛协会处以罚款，将球队从赛事和（或）附加赛中驱逐，扣减球队持有的积分和（或）重新安排比赛的时间。如果赛事总监或仲裁官员/纪律委员会/争议委员会（如适用）认为由于不可抗力事件导致这种失败、拒绝及放弃，则应适用以上规定。

4. 如果参赛协会没有按照正式比赛日程安排进行比赛或拒绝参加比赛，或者放弃包括附加赛的比赛（为避免疑惑，除了该场比赛中的另一支球队拒绝参加或放弃该场比赛以外，并且，代表参赛协会的球队否则可以参加比赛，但由于另一个球队的不能参赛），除非仲裁官员/纪律委员会/争议委员会认为不能比赛是由于不可抗力事件引起的，参赛协会的球队将被视为比赛失利，获胜积分将给予另一支球队。此外，仲裁官员/纪律委员会/争议委员会也有权根据本参赛条款按照仲裁官员/纪律委员会/争议委员会规定的权力范围对违约的参赛协会实施一项或多项处罚。

（七）终止

在不损害协会可能具有的任何其他权利的情况下，无论是根据所签订协议还是以其他方式，如果参赛协会有以下情况，本协会可以以书面通知方式终止所签订协议：

1. 发生无法补救的重大违约。

2. 违反了所签订协议项下应尽的任何义务，并且没有在三天内（或协会在考虑到以下情况后确定的其他时间）对这种违约行为（如果有能力进行补救）以书面通知要求那样做的进行补救。

3. 除了经协会批准的情况以外,不是为了合并或重建为目的而进行清算或解体。

4. 停止经营业务,对其全部或部分资产或业务指定了接管人或管理人,与其债权人进行任何债务清算或达成协议,或因债务或其他负债而采取或遭受任何类似的行为或从适用的协会注册簿中删除或以其他方式退出注册簿。

5. 如果亚洲橄榄球协会发生以下情况,参加协会可以通过书面通知终止所签订协议:

(1)除了经参赛协会批准的情况外,不是以合并或重组为目的而进行的清算或解体。

(2)停止经营业务,对其全部或部分资产或业务指定了清算人或接管人,与其债权人进行债务清算或达成协议,或因债务或其他负债而采取或遭受任何类似的行为或从适用的协会注册簿中被删除或以其他方式退出注册簿,但因参赛协会单独或连同与一个或多个参赛协会共同违反所签订协议和(或)参赛条款而导致的情况除外。

所签订协议的任何终止均不损害任何一方应享有的任何权利,包括与任何先前违反所签订协议的权利有关的权利。

十七、其他医疗安排

同意参加与赛事有关的任何世界橄榄球协会组织的医疗伤害调查研究。为避免疑问,在伤病调查研究由协会或代表协会和(或)世界橄榄球组织的任何其他医疗伤害调查研究过程中收集的任何信息均不得表明本人身份,且仅应将其用于统计目的。球员个人有权不参加任何此类医疗伤害调查。

(一)使用 GPS 和心率监测器(HRM)

同意并接受 GPS、HRM 设备可能被参与任何比赛的人员佩戴或使用;当某人(包括但不限于我本人)佩戴或使用 GPS、HRM 设备时,接受与参加比赛相关的任何风险;接受本人无权对协会,世界橄榄球及其所有和(或)其任何关联实体,管理人员,从业员工、代理、代表以及其关联实体的管理人员,从业员工、代理、其代表提出索赔,并且对任何直接或间接损失(包括但不限于预期利润损失,预期储蓄损失和所有其他经济损失),索赔、诉讼因由、要求、责任应保持相同的无害,包括但不限于由于任何第三方诉讼而直接或间接引起的,与在任何人的比赛中佩戴或使用 GPS、HRM 设备有关的任何伤害、事件、其他事项。注意:反对在比赛中使用 GPS、HRM 的球队必须立即通知赛事主管。

(二)其他条款

同意我不会由于我的球队在参赛结束后的期间或我不在我的正式球队的期间,我可能招致的任何责任而向协会、世界橄榄球、东道主协会、赛事主管、其任何从业员工、公务员、代理人或管理人员提出索赔。如果根据这些参赛条款,协会允许我在比赛举办的国家/地区延长逗留时间,超过我的球队参加比赛的期限(或)协会允许我在比赛期间的任何时间,无论出于何种原因暂时或永久离开我的正式的球队;同意我不会对任何可能导致第三方信赖的协会,世界橄榄球协会、主办方联盟和(或)任何继续对我延期停留或离开或缺席赛事,无论是暂时的还是永久的而负责任的其他第三方提出任何抗议;同意协会有权将接受所签订协议的全部或任何部分利益转让或许可给任何第三方;同意本人将不时(在所签订协议继续执行期间和终止所签订协议之后)进行所有此类行为,并签署所有必要的文件,以实施或完善所签订协议中规定的条款、承诺、义务、许可、同意、放弃和转让;应在协会和(或)东道主协会要求时,提供我的护照或其他带照片身份证明的副本作为身份证明;以及同意并承认,我及我代表的参赛协会遵守本参赛条款的规定提供的我的所有个人信息、个人数据可以根据本参赛条款进行处理。我在此确认同意根据本参赛条款的规定提供和(或)处理此类数据,包括但不限于按照本参赛条款规定将此类数据提供给第三方或当事方。如有必要时,我会应要求将此类书面同意书的副本提供给协会。同意所签订协议受英国法律管辖并根据英国法律解释,我服从英国法院的专属管辖权。

(三)球员信息公告——数据隐私

兴奋剂控制相关数据在兴奋剂控制活动的背景下,你将被要求签署一份“球员同意书”以处理与兴奋剂控制有关的数据。本信息通告更详细地说明了如何使用和处理与兴奋剂控制相关的数据,以确保和谐,协调和有效的反兴奋剂计划,以便检测、震慑和防范兴奋剂。球员同意书应与本信息通知一起阅读。

十八、数据分类

您的兴奋剂控制相关的数据是与您相关的兴奋剂控制过程(包括测试分配计划、样品收集和处理、实验室分析、结果管理、听证和上诉),治疗用途豁免和行踪的任何和所有数据。实验室分析结果可能包括但不限于:对违禁物质,其代谢产物或标记物的检测或使用违禁清单上确定的违禁方法的任何证据;根据《世界反兴奋剂法》第4.5条所述的世界反兴奋剂协会(WADA)监测方案的指示,检测未列入违禁清单中的其他物质的存在;血液学参数的纵向分析,如在规定时间内血红蛋白和红细胞计数以及睾丸激素/表皮甾酮比率;将来可能会开发的其他测试结果,以识别是否存在违禁物质或违禁方法。根据您所在地适用的国家数据保护或隐私法律,您的一些兴奋剂控制相关数据可能构成受保护的个人数据。

十九、责任

您的兴奋剂控制相关的数据将由反兴奋剂组织(包括但不限于世界橄榄球)根据《世界橄榄球协会条例》第21条和(或)《准则》或等效的反兴奋剂法规(“检测机构”)或通过授权的收集机构和(或)结果管理机构进行收集。测试机构将负责根据其当地法律和法规,世界反兴奋剂协会隐私和个人信息保护国际标准以及《世界橄榄球协会条例》第21条和(或)《准则》或等效的反兴奋剂法规来保护您的信息。测试机构将使用数据管理系统(可能是电子形式,包括但不限于ADAMS1系统)来处理和管理(包括向授权接收者披露)您的兴奋剂控制相关的数据。您将负责确保您提供的或由其他方(例如您的协会)代表您提供的所有信息都是准确和最新的,包括关于您的行踪。请注意,无论是故意还是疏忽,未能提供或更新准确的行踪信息很可能构成违反反兴奋剂规则。如果为您提供了访问数据管理系统的密码,您将始终负责对该密码进行保密。如果您无意间或以其他方式泄露了该密码,则应立即与测试机构联系。

二十、披露事项

（一）根据《世界橄榄球协会条例》第 21 条和（或）《准则》或等效的反兴奋剂条例，您的兴奋剂控制相关数据将在适当时提供给授权的反兴奋剂组织，以使他们能够管理其反兴奋剂方案。这些反兴奋剂组织可以包括但不限于国家反兴奋剂组织，国际或国家体育联合会，包括但不限于世界橄榄球和协会主要赛事组织以及国家奥林匹克委员会。发生这种情况时，此类反兴奋剂组织将负责根据其当地法律和法规，世界反兴奋剂协会保护隐私和个人信息国际标准，《世界橄榄球协会条例》第 21 条和（或）《准则》或等效的反兴奋剂条例来保护您的信息。

（二）您的兴奋剂控制相关数据也将部分提供给世界反兴奋剂协会，该协会将需要处理某些信息，以履行其在准则下的义务和责任。在这种情况下，世界反兴奋剂协会将负责根据其当地法律和法规，世界反兴奋剂协会隐私和个人信息保护的国际标准以及本准则来保护您的信息。

（三）世界反兴奋剂协会认可的实验室将需要接收您的样品以及可能与您有关的其他数据；但是，此类实验室将仅提供经过身份验证的，密钥编码的数据和样本，而这些数据和样本将无法使实验室识别您的身份。

（四）反兴奋剂组织，世界反兴奋剂协会及其认可的实验室将只为了确保和谐，协调和有效的反兴奋剂方案而处理您的与兴奋剂控制有关的数据。

（五）反兴奋剂组织，世界反兴奋剂协会及其认可的实验室不会透露您的与兴奋剂控制有关的任何数据，除非为了兴奋剂控制的目的而向其机构内需要这些的人员透露。每个访问和使用您的与兴奋剂控制有关的数据的机构都只能这样做，以履行其根据《世界橄榄球协会条例》第 21 条和（或）《准则》或等效的反兴奋剂条例产生的责任和义务，这主要涉及建立和维护反兴奋剂方案，并确保按照《世界橄榄球协会条例》第 21 条和（或）《准则》或同等反兴奋剂条例的规定共享适当的信息。

二十一、国际传输

您的兴奋剂控制相关数据可能会提供给个人或团体，包括：世界反兴奋剂协会和反兴奋剂组织，位于您居住的国家/地区之外。在其他一些国家/地区，数据保护和隐私法律可能与您所在国家/地区的法律不同。

二十二、您的权利

根据适用法律和（或）世界反兴奋剂协会隐私和保护个人信息国际标准，您可能会享有与兴奋剂控制相关的数据有关的某些权利，包括访问、更正任何不准确数据的权利以及补救措施和纠正任何非法处理与兴奋剂控制相关数据的权利。如果您对您的兴奋剂控制有关的数据的处理有任何疑问，可以向测试权威机构、WADA（www. wada-ama. org）、您的协会、您的国家反兴奋剂组织咨询（视情况而定）。

二十三、安全

您的兴奋剂控制相关的数据可能以电子形式保存,包括但不限于 ADAMS。ADAMS 托管在加拿大的数据中心中,由世界反兴奋剂协会代表反兴奋剂组织使用 ADAMS 进行维护。强大的技术,组织和其他安全措施已应用于 ADAMS,以维护其包含的数据的安全性。此外,世界反兴奋剂协会和反兴奋剂组织已经制定了内部和合同条款,以保护您的数据的机密性。

二十四、资料保留

可能有必要在 ADAMS(或其他相关的管理/管理系统)中保留某些您的兴奋剂控制相关的数据,至少为期 8 年。8 年期限是指可以根据《世界橄榄球协会条例》第 21 条、《准则》、等效的反兴奋剂条例对违反反兴奋剂规则的行为提起诉讼的期限。然而,您的行踪信息将保留较短的时间(大约 18 个月)。

二十五、反对权

您可能有权反对处理您的兴奋剂控制相关的数据,尽管在这种情况下,并且如上所述,测试机构和世界反兴奋剂协会仍然有必要继续处理(包括保留)某些部分与兴奋剂控制有关的数据,以履行《世界橄榄球协会条例》第 21 条、《准则》、等效的反兴奋剂法规和适用法律规定的义务和责任。您理解,反对披露您的兴奋剂控制有关的数据或反对处理您的兴奋剂控制有关的数据,可能会根据《世界橄榄球协会条例》第 21 条、《准则》、等效的反兴奋剂法规进行反兴奋剂测试和程序(如果适用),则无法使用国际标准。在这种情况下,您的反对可能等同于违反反兴奋剂规则,这可能会拒绝您参加以后的比赛,并可能导致对您施加纪律处分或其他处罚,例如取消您计划参加的比赛的资格或先前比赛而产生的结果无效。

二十六、免除

通过签署球员同意书,您可以通过 ADAMS、任何其他相关管理系统,免除测试机构(世界橄榄球协会不是测试机构),世界反兴奋剂协会和相关的反兴奋剂组织的所有与处理您的兴奋剂控制相关的数据有关的索赔、要求、负债、损害、成本和费用。

二十七、提交的文件

以下页面包含《比赛手册》中提到。它包括必须在比赛之前和比赛期间提交给组织者的表格摘要。

必须在球队领队会议上提交的文件包括以下内容。

(一)协会参赛协议;球队管理同意书和注册表;球员同意书和注册表;球员护照/身份证复印件显示:全名、出生日期照片;运动队申报表;球队声明表;纪律证书;保险单(或赔偿表）或口头确认；国歌（不超过 1 分钟 30 秒）；国旗（首选尺寸为 4 英尺[①]×6 英尺）。

（二）需要制作额外文件（根据球队的需要）：资格要求（U18）；资格要求（前排）；医疗替代证书；球员医疗摘要样本表格；伤害审核表；R&R 脑震荡协议（有 MDD）；R&R 脑震荡协议（无 MDD）；保险；协会豁免表。

（三）比赛官员文件：球队换人卡；裁判员罚令出场报告；助理裁判员罚令出场报告；裁判员短暂禁赛报告；助理裁判员短暂禁赛报告；传唤官员报告；传唤官员警告。

除球队声明表外，所有原始表格都必须在比赛开始前 7 天提交，而球队声明表应在开赛前 72 小时提交。

① 1 英尺≈0. 305 米

第二部分　比赛日的工作指引

第四章　比赛监督在比赛日的职责

第一节　比赛日核心职责

比赛监督在比赛日当天需负责全面监视赛场上的比赛活动情况,具体职责包括监督技术区内球员的技术替换及受伤球员的替换过程,同时关注球员的热身活动,监管参赛队伍进入比赛场地的时间,确保各队准时离开更衣室,并及时解决任何可能导致比赛推迟的问题,以及监视下半时的比赛时间,确保参赛队伍在下半时准时离开更衣室,并保障比赛能够按时开球。

一、设备设施的检查

确保比赛场上所需的所有设备设施均已准备就绪:

(一)需要检查的设备

1. 国歌

2. 国旗

3. 比赛用球

4. 比赛录像片段(match footage)

比赛结束后,需获取比赛录像片段,并随后进行分发。需与电视直播公司建立联系,明确领取录像的格式(如内存盘、USB 接口等)及时间。

5. 检查场地(site inspection)

检查场地应在第一次队长活动开始前 30 分钟进行。

6. 标示(signage)

比赛监督需确认比赛场地和球门门柱在体育场中的恰当位置,并在队长活动时以及比赛当天参赛队热身活动前,按照比赛规则,负责检查并确保比赛场地线段的标示清晰准确,旗杆(以及球门门柱保护垫)已安放就位。

(二)球队及工作人员座席的准备情况

当你从通道进入赛场时,A 队应位于你的左边;而当你离开赛场返回时,B 队则位于你的右边。这一规定将用于技术区、教练座席、更衣室的分配,热身活动区的设置,国旗悬挂的位置,以及参赛队位置要求的所有相关决定。

预留座位(seat kill)是指比赛当天可能供工作人员使用的座位,这些座位必须用适当的标记清晰地标示出来。以下是国际十五人制比赛中需要为一些团队预留的看台座位实例,需注意的是，在实际比赛中，并非所有这些座位都会被使用到（对于七人制、十人制比赛，可根据实际情况适当增减预留座位数量）。

1. 赛场边（pitch side）

（1）A 队技术替换球员（substitutes）和 1 名换人管理员就座的长凳。

（2）B 队技术替换球员和 1 名换人管理员就座的长凳。

（3）在明确指定的替补席区域内，为反兴奋剂监督人员准备 4 个座位（如实际需要）。

（4）赛场医生座椅。

（5）医疗团队座位。

（6）记录员和计时员座位。

（7）第 4 官员和第 5 官员座位。

（8）临时禁赛球员座椅。

2. 看台分布区（assigned area in the stand）

（1）A 队，不参加比赛的球员和最少 5 名管理人员席位。

（2）B 队，不参加比赛的球员和最少 5 名管理人员席位。

（3）在比赛日早些时候参加先前比赛的队伍的席位（通常是七人制比赛和十人制）。

（4）先前比赛的比赛官员席位。

3. 重要人员区域（VIP area）

（1）赛场无限制观看的重要席位。

（2）A 队教练组人员席位。

（3）B 队教练组人员席位。

（4）比赛督察席位（position for citing commissioner）。

（5）比赛评论员席位（position for performance reviewer）。

（6）比赛分析师席位（使用专供录像）[game analyst position（with video feed）]。

（7）实况解说员席位（commentators position）。

（8）摄像机席位（camera position）。

（9）新闻媒体人员席位（media tribune）。

4. 参赛队摄像机席位（team cameras）

（1）电视裁判席位（television match official）。

（2）赛场特殊人员席位（position specific to venue）。

（3）比赛宣告员席位（PA announcer）。

（4）DJ。

（5）文艺演出团体人员席位（crowd entertainer）。

（6）体育表演人员席位（sports presentation）。

5. 安保人员和警察管理人员席位（security staff and police controllers）。

（三）用于比赛的赛场房间的检查

1. 体育场运行中心（venue operation centre）

如果当场比赛是对外售票的，那么体育场内就需要有一个运行中心，该中心除了负责票务工作,保证参赛球队购票之外,还要在可能的情况下为参赛队预留座位。

2. 医疗房间(medical room)

确保医疗房间随时可用、干净、整洁并且标记清楚,需要检查房间门是否轻松打开且无锁遮挡,医疗设备是否齐全且良好,医疗耗材是否充足;同时保持房间清洁消毒,医疗器具清洁处理到位,空气流通无异味;整理房间内物品摆放有序,移除过期或不再需要的医疗用品,并且确保房间标记清晰明确。

3. 反兴奋剂室(anti-doping room)

必须要设立一间反兴奋剂房间,供反兴奋剂官员进行尿检和血检使用。该房间必须保持适用状态,干净整洁,并且标示清晰明确。

4. 比赛官员房间(match official room)

比赛官员房间的位置必须得当,既要确保不影响比赛的进行,又不能离赛场太远,以便官员们能够迅速便捷地到达。房间内应保持干净整洁,所有物品摆放有序,并且设有清晰的标识,以便官员们能够轻松找到所需设施,确保比赛工作的顺利进行。

二、赛场保护

在十五人制比赛前,保护赛场是一项至关重要的工作。为了确保赛场的完好无损,队长活动期间是不允许进行司克兰和争边球练习的,这些活动可能会对场地造成不必要的损坏。此外,除了四名已经报名的踢球球员外,其他球员不得穿着底部带有鞋钉的比赛用鞋进入赛场,这也是为了防止鞋钉对场地造成损伤。

如果比赛当天遭遇恶劣天气,比赛监督有权出于保护比赛场地地面的考虑,取消队长活动。然而,比赛监督必须确保这一决定能够尽快传达到各球队,以便球队及时调整准备计划。

对于七人制比赛,由于其比赛时间短、频率高的特点,应该在条件允许的情况下准备一到两片热身场地。这样不仅可以为球员提供充分的热身机会,减少受伤风险,还能确保比赛更加顺畅地进行。

第二节　赛中的决策与任务

一、比赛监督做决定时需要考虑的因素

(一)问题的原因是什么?

1. 警方认为的安全问题,优先于其他事情考虑。

2. 比赛当天的情况(包括参赛队/比赛相关人员、天气、场地等)。

3. 电视转播(broadcast)。

(二)什么时候与谁的信息必须交流?

耽搁的比赛将会影响接下来的比赛吗?特别是要考虑是否有不得不把第二场比赛延

迟到另一天的风险。

(三)这个问题会意味着取消比赛计划吗?

(四)在以下哪些方面会引起什么后果?

1. 现场电视直播(broadcasting)。
2. 后勤工作(logistics)。
3. 拥挤(crowd)。
4. 健康和安全保障措施(health and safety)。
5. 竞赛工作人员(match staff)。
6. 照明设施(light)。

二、比赛监督的赛中任务

(一)上、下半场比赛监督(first half supervise)

在监督上半场比赛运行情况的同时,需密切关注技术区规则的执行情况,包括换人流程以及球童的管理。万一出现问题,应经常与第4或第5官员进行交流,切记不要直接与裁判或助理裁判沟通。同时,要持续注意技术区内人员的行为是否符合规则,确保比赛流程顺畅,换人准确无误,球童工作到位,以维护比赛的公平性和顺利进行。

(二)中场时间(half time)

监督中场休息时间是一项关键任务,需要确保比赛的上半场与下半场之间的间隔符合规定。具体来说,从上半场比赛结束裁判吹响结束哨音到下半场比赛开始哨音,中场休息时间不得超过15分钟,但也可以少于这个时间。而在七人制比赛中,中场休息的时间限制更为严格,不允许超过2分钟。

(三)召集参赛队参加下半场比赛(call teams for second half)

在十五人制比赛中,下半时开始前2分钟,比赛监督或相关负责人员需准时召集两队从更衣室里出来按时进场。为此,应提前准备好召集队伍的信号或工具,确认更衣室到比赛场地的路线畅通。在发出召集信号后,通过喊话、吹哨或使用对讲机等方式通知两队,并监督他们按照既定路线有序前往比赛场地。同时,与裁判团队沟通确认两队都已做好比赛准备,确保比赛能够顺利进行。

第五章　比赛日的工作流程

一、分发及检查设备

为确保比赛顺利进行，比赛监督需负责分发并检查以下设备，并进行相关联系工作。

（一）与播音员进行联系

在比赛前，比赛监督需要执行以下关键步骤以确保播音和电视直播的顺利进行：

当放置在运动员更衣室的摄像机开机时，比赛监督应及时与播音员进行沟通，确认其准备就绪，并同意播音员按时进行播报。这一步骤确保了比赛信息的及时传递，让观众能够准时了解到比赛的最新动态。

同时，比赛监督还需要主动与电视直播部门的相关人员建立联系。这种联系不仅有助于在比赛过程中协调直播事宜，确保直播画面清晰、流畅，还为赛后收集比赛视频短片（match footage）提供了便利。通过提前与电视直播部门沟通，比赛监督可以确保赛后能够顺利获取到比赛的全程录像，为后续的赛事分析、精彩瞬间回顾等提供宝贵素材。

（二）与赛场播报员交谈（talk to the PA announcer）

管理播报员虽不是比赛监督的直接职责，但比赛监督确实需要与播报员保持紧密联系，并检查其是否已获取所有必需的物品和准备。这是为了确保播报工作能够顺利进行，进而保障比赛的整体流程和传播效果不受影响。比赛监督的这一行为是对比赛顺利进行的一种支持和协调，是其职责范围内的重要一环。

（三）国歌（national anthems）

比赛监督要确保把国歌交给比赛主持人。同时要知道比赛流程的时间段，以便把奏国歌的时间计入赛前流程的时间段内。

（四）设定并校准钟表（set and synchronise ）

（五）赛前会议和检查场地（pre-match meeting and site inspection）

在比赛开始前三个小时，体育场内将召开一场至关重要的赛前会议。这场会议由比赛监督主持，旨在集中所有工作人员，确保每个人都对即将到来的比赛做好充分准备。

会议之前及会议中，比赛监督将负责一系列关键的检查工作。首先，他将仔细检查场地上的角旗和球门包是否已经安装到位，这些都是比赛顺利进行所必需的设备。其次，比赛监督将验证音响设备是否正常工作，以确保比赛期间的信息传递无误，同时他还会确认所有工作人员是否已经到位，准备履行各自的职责。

此外，比赛监督还会检查工作人员座席是否足够，以确保每位工作人员都能在比赛期间有合适的休息和准备区域。这些细致入微的检查工作都是为了确保比赛的顺利进行。

同时,球童主管也承担着重要的职责。他应该准备好 10 个已经检测过气压的比赛用球,并由他将这些球放置在比赛相关人员房间,以便在比赛需要时随时取用。

通过这些周密的准备和检查工作,比赛监督、球童主管以及所有工作人员将共同努力,为观众呈现一场精彩纷呈的比赛。

二、为参赛队提供的比赛准备工作

1. 参赛队赛前到达赛场

参赛队需在赛前 1 小时到达赛场,以便进行最后的准备和调整。

2. 确认参赛队声明

(1)比赛 24 小时前,比赛新闻官员需收到由参赛队领队签字的参赛队伍声明书。

(2)声明书复印后分发给比赛监督、比赛督察、反兴奋剂官员、比赛主持人、电视直播人员、比赛相关人员(包括第 4 和第 5 官员)以及新闻媒体房间。

3. 检查医疗急救团队

确认医疗急救团队已就位,并且救护车在现场,以应对可能发生的紧急情况。

4. 开球前 50 分钟检查比赛队服装和装备

对参赛队的服装和装备进行最后检查,确保符合比赛规定。

5. 开球前 40 分钟掷币挑边

(1)通过掷币方式决定哪队选择赛场边或开球。

(2)两队的选择需告知比赛新闻官员,并由其提供给电视直播、摄影师和新闻媒体。

6. 比赛双方队伍回到更衣室

(1)开球前 10 分钟,球员结束热身活动并回到更衣室。

(2)开球前 8 分钟,召唤两支比赛队到更衣室外通道集合。

(3)开球前 7 分钟,比赛两队离开更衣室,在通道处列队。

(4)开球前 6 分钟,比赛队进入赛场并列队等候奏唱国歌。队长担任队伍排头,在 15 米线处排成一列横队,面向替补球员席位。

7. 奏唱国歌

(1)开球前 5 分 30 秒,奏唱 A 队国歌。若东道主为 A 队或 B 队,则总是第二个奏唱;否则首先奏唱 A 队国歌。

(2)开球前 3 分 30 秒,奏唱 B 队国歌。

8. 文化挑战

(1)开球前 2 分钟,进行文化挑战。掷币获胜的队首先表演,另一队随后做出回应。

(2)此规则旨在保护橄榄球的文化传统和体育精神,违反者将受处罚。

9. 开球前 1 分钟的最后准备

(1)确认电视直播室清晰知道开球时间。

(2)当一切准备就绪,向裁判发出可以开球的信号,标志着比赛即将正式开始。

这些准备工作确保了比赛的顺利进行,同时也体现了对参赛队、观众以及比赛本身的尊重和重视。

三、赛中环节

在比赛中,比赛监督扮演着至关重要的角色,主要负责各单元的运行和及时纠错。他们需要密切关注比赛的每一个环节,确保比赛按照既定的规则和流程顺利进行。

具体来说,比赛监督在赛中的任务涵盖了多个方面,包括但不限于监督比赛场地、设备、人员是否到位,确保比赛规则的严格执行,以及及时处理比赛中可能出现的任何问题或纠纷。这些任务要求比赛监督具备高度的责任心、敏锐的观察力和果断的决策能力。

集体内容方面,可以参阅前述第四章第二节"赛中的决策与任务",该部分详细阐述了比赛监督在赛中的具体职责和任务,为比赛监督的工作提供了明确的指导和参考。

总之,比赛监督在比赛中的作用不可或缺,他们的专业素养和工作态度直接影响比赛的顺利进行和公正性。因此,对于比赛监督的选拔和培训应给予足够的重视和投入,以确保他们能够胜任这一重要职责。

四、赛后环节

(一)队长采访(captain interviews)

比赛最后的哨音吹响大约 2 分钟后,电视台将进行两队队长采访,队长采访将由比赛新闻官员控制;终场哨音吹响后(七人制比赛为当日最后一场比赛结束后)10 分钟,球童主管要收集所有的比赛用球交给比赛监督,并由其交还给竞赛办公室。在此过程中,比赛新闻官员应提前与两队队长沟通确认采访时间和地点,并准备与比赛相关的问题;球童主管需确保所有比赛用球都被完整收集,包括备用球,在收集过程中可以请球童协助,并与比赛监督确认交接时间和地点;竞赛办公室应有人负责接收比赛用球,并做好登记和存放工作,可以制定比赛用球交接表记录相关信息;若比赛因天气或其他原因中断或延期,相关流程应相应调整,对于队长采访可以考虑在比赛结束后通过线上方式进行或根据实际情况安排其他时间。

(二)呈交比赛记分表(match score sheet)

终场哨音吹响 15 分钟后,比赛监督应当得到比赛记分表,并呈送至竞赛办公室。

(三)赛后颁奖仪式

如果有颁奖仪式,按赛前安排按时进行。

(四)其他环节

其他环节将由比赛监督负主要责任。

第六章　裁判员的工作内容

第一节　装 备 整 理

一、装备

准备好你的执裁装备是至关重要的。个人形象在球员如何看待裁判员方面扮演着极其重要的角色。“看上去像哪种人”不仅会影响球员对你的第一印象,也会对观众产生相似的影响。因此,确保你的装备整洁、专业,不会让你在执裁过程中显得不专业或出丑。同时,执裁过程中有许多细节是需要细心去处理和完成的,这不仅关乎比赛的公正性,也关乎你作为裁判员的形象和声誉。所以,务必重视装备的准备和执裁过程中的每一个细节。

(一)鞋子

确保你的裁判鞋质量上乘且始终保持干净是非常重要的。裁判使用的球鞋主要分为两种基本类型:一种是模压鞋底的鞋子,这种鞋子适合在坚硬场地上使用;另一种是长钉球鞋,它适合在松软或泥泞的场地上使用,且通常配备有金属螺纹钉,以便在必要时进行更换。为了保持良好的执裁状态和避免意外情况,你应定期检查你的鞋子和鞋钉是否完好。如果比赛后鞋子被泥土覆盖,务必及时清洗,以保持鞋子的清洁和延长使用寿命。这样不仅能确保你的专业形象,也能让你在执裁过程中更加自信、稳健。

(二)鞋带

总是要准备一双备用的干净鞋带,这是非常明智的做法,以防在你穿鞋子的时候,其中一双鞋带突然断了,导致你陷入尴尬的境地。系好你的鞋带后,别忘了把松散的两端塞进系紧的鞋带下面,这样可以有效防止鞋带在比赛或执裁过程中松开,避免不必要的分心和麻烦。另外,如果你想要更加保险起见,也可以用胶带(最好是选择黑色的,这样更加隐蔽且不影响整体美观)来进一步固定鞋带,确保它们在关键时刻绝对不会松动。这样的小细节虽然看似微不足道,但却能在关键时刻发挥大作用,让你的执裁过程更加顺利和自信。

(三)袜子

保持袜子干净整洁并准备一双备用袜子。

(四)吊袜带

裁判不能因为袜子掉下来而受任何影响。吊袜带可以是有弹性的旧鞋带或者电工胶带,但要确保它们不会太紧,影响腿部的血液循环。

(五)短裤

短裤应该有口袋来携带你的备用口哨、硬币、手帕、笔记本、红黄卡和铅笔,许多协会会提供短裤来作为制服/装备的一部分。

(六)运动衫

协会提供球衣作为制服/装备的一部分。避免与主裁判有着类似颜色样式队服的球队。这种情况下,可以用相反颜色的服装来代替。

(七)口哨

至少准备 2 个口哨,避免出现故障。

(八)硬币

为了决定球权方,需要准备一枚硬币用于投掷。

(九)手表

在足球等体育比赛中,准确计时对于管理球员上场时间至关重要,尤其是处理受罚下场球员的返回时间。根据需求,我们需要一个可以正向计时的设备,该设备需能够准确记录比赛在特定事件(如球员受罚下场)后继续进行了多长时间,并且应便于在比赛中实时查看和调整。综合考虑,一块具有正向计时功能的腕表或智能手表是合适的选择,它可以满足比赛中的计时需求,无论是记录球员受罚下场后的时间,还是处理因罚踢等原因导致的比赛时间延长情况。

(十)铅笔和笔记本

使用防水、快干的记号笔或专用比赛记录笔,在比赛记录表上记录分数、换人时间、球员号码以及其他相关细节。不要用圆珠笔,它会漏笔油!

(十一)红、黄、蓝牌

红、黄、蓝牌用于标识换人、受罚下场、脑震荡替换等情况。橄榄球协会通过裁判协会向所有裁判提供这些指示牌。

(十二)巡边裁判手旗

做好球队经理或巡边裁判向你索要巡边裁判手旗的准备,因为裁判协会通常会提供这些手旗。

(十三)防晒霜和裁判员协会的帽子

主裁判不能戴帽子,但是助理裁判可以戴帽子。

(十四)水瓶

保持饮水量,避免在炎热的天气中暑。

(十五)塑料袋

比赛结束后用塑料袋装上泥泞的鞋子和装备。

(十六)检查表

建议列出物品的清单。

二、规则书

作为一名裁判员，随身携带规则书是一个好习惯。虽然将规则牢记在心中是每一个裁判员都应该具备的能力，但记忆难免会有遗漏和出错的时候，因此带一本规则书在身边，随时随地查缺补漏，是成为优秀裁判的重要前提。

三、口哨的用法

口哨是裁判员最重要的沟通工具。判罚是否可信，球员和观众可能都是通过哨声的方式来评价。哨声的作用应该是用来表明不同的犯规行为，等等。

（一）有用的提示

1. 随身带一只备用口哨，特别是在潮湿或泥泞的情况下。有时裁判摔倒后，可能会发现哨子因被泥浆堵住而吹不响。

2. 推荐使用一种名叫 Acme Thunderer 型号 58.5 的大型金属口哨。用一根细绳把口哨系在手腕上，这样如果裁判摔倒或者被撞到，哨子就不会掉在地上。不建议使用戴在手指上的口哨，因为这种口哨可能会引起手指受伤，而且也很难吹出适合“英式橄榄球”比赛的哨声。保持口哨清洁很重要，有些裁判会把口哨用沸水煮，然后放进冰箱，以防口哨内部的豆子变干。口哨应该在每场比赛前进行试用，确保其状态良好。

（二）让口哨“说话”

口哨在口中的不同角度会发出不同的音调，具体如下：角度向上时吹出高音，角度向下时吹出低音。通过快速地循环吹气，可以产生共鸣的音调。把拇指移到口哨的边缘，同样可以改变音调（将这两种技术结合，并加入一个长声的爆破声，效果会非常显著，但这需要练习）。快速地把口哨从嘴里抽出来，或者用舌头堵住口哨口，可以有效地缩短或延长口哨的音调。如果你有过吹小号或木管乐器的经验，舌倾技巧会很有用。这是一种将舌头快速地前后移动到口哨吹口的技巧。为了练习这个技巧，可以尝试快速发出字母“T”的音。

（三）哨声信号

1. 长音的哨声

长音的哨声用于比赛开始或恢复比赛、罚踢、暴行、危险行为或球员安全处在危险之中时。

2. 一个“快乐”的哨声

一个“快乐”的哨声用于庆祝一次达阵或一次进球。

3. 一阵简短的哨声

一阵简短的哨声用于犯规后需要以斯克兰或自由踢重新开始比赛，或球或持球人出界后球员仍在进行比赛时。

4. 连串短而响的哨声

连串短而响的哨声用于在球员没有听到第一次哨声时强调比赛暂停，或在球员没有回应你的要求时引起他们的注意（例如没有正确地站入边球队列），或要求医疗救助。当裁判吹口哨时，确保所有球员都听到哨声是很重要的，要观察球员，看他们是否松开对方，并走向犯规点。

四、记住

球员不喜欢过多的哨声，所以不必要的时候不要吹哨（比如球明显出界的时候）。不同的哨声区别要明显，当确定出现违规时，一定不要过早吹哨，以便你有时间判断是否可以使用有利规则。记住处理顺序："哨声""手势""说话"。

五、担任助理裁判和巡边员

充分利用每一次担任跑边裁的机会，它能让裁判从不同的角度观察比赛，并从中学习。在比赛前和比赛中，要与主裁判和其他助理裁判、巡边裁判保持密切联系。你将有机会参与到比你当前所处级别更高的比赛中，这是一个展示自己、向更高级别比赛迈进的好机会。如果裁判在高级别比赛中不能胜任边裁的工作，那么他就可能无法被选为该级别比赛的裁判。和主裁判一样，巡边裁判也需要在比赛中面对各种情况并做出决定，因此集中注意力是十分重要的。不要与观众交谈，也不要被他们分心，比赛时不是放松的时候。助理裁判/巡边裁判必须精通比赛规则，特别是与出界、暴行和射门相关的规则。如果需要，他们必须能够协助主裁判判定极阵和其他位置的球情。在没有护栏的情况下，不要让激动的观众在边线上徘徊。应该第一时间与他们沟通，但如果他们不听劝阻，在下一个出界球出现时，应寻求主裁判的协助停止比赛，直到观众回到边线之后。如果有球童，请确保他们在比赛前明确了解自己的职责，特别是如何处理球。

第二节　赛前准备

在比赛日之前裁判员就要开始思考比赛，提前准备可以防止糟糕的表现。

一、个人准备

（一）检查装备

（1）提前一天对装备进行最后检查。

（2）去比赛之前再次检查装备。

（二）留足够的时间去比赛场地

（1）根据交通情况，至少在比赛前40～60分钟到达。

（2）到达后热身，熟悉场地，检查场地条件。

（3）向教练和队长介绍自己，记住他们的名字，询问球队情况。

（三）考虑天气因素

（1）为不同的天气情况做好准备。

（2）了解比赛期间太阳的位置。

（3）决定比赛不同阶段中裁判的位置。

（四）与裁判教练沟通

（1）如果裁判教练来观看比赛，提前向他介绍自己。

（2）告知教练裁判过程中可能需要帮助的地方。

（3）赛后向裁判教练表示感谢，并获取点评。

（五）更衣准备

（1）至少在比赛前 30 分钟开始换衣服。

（2）检查装备，热身，会见队伍并做简短提要。

（3）不要让参赛球员等待。

（六）挑边掷币

（1）使用裁判提供的硬币进行挑边。

（2）通常在赛前说明后进行，有时队伍更喜欢在场上排成一队后再掷硬币。

（3）主队队长掷硬币，客队队长选择字面或花面。

（4）询问获胜方是想要开球还是选择进攻方向。

（七）联系场地警卫

（1）每场比赛应有场地警卫或负责确保观众和教练行为正当的人。

（2）在没有确定这个人之前，不要开始比赛。

（3）必要时询问主队教练。

遵循这些准备流程，可以帮助裁判员更好地准备比赛，确保比赛的顺利进行。

二、团队合作

（一）助理裁判、巡边员

（1）主裁判要确保有两位合格的助理裁判或巡边裁判。

（2）他们不应穿与球员相同的衣服。

（3）主裁判要简要告知他们如何协助举报不正当行为，特别是在极阵区附近要保持警惕。

（4）边裁或巡边员在罚踢、自由踢、争边球时需向球员标明越位线。

（二）时间管理

（1）主裁判要确保了解每个半场的时长，以及受伤时是否可以暂停计时。

（2）了解平局时的加时规则和当场比赛的得分规则（特别是非正式比赛）。

（3）受伤暂停后，要记得重新开始计时，可记录每个半场开始的时间以防忘记。

（4）如果当场比赛后有另一场比赛使用同一块场地，且当场比赛延迟开始，主裁判应考虑缩短比赛时间。

（三）向球队做简单说明并检查球鞋

（1）主裁判要带领团队与球队接触，但避免在球员排成一排准备比赛时进行长篇大论。

（2）鞋子检查应在比赛开始前完成，避免影响球队热身。

(3)与球队赛前接触时,介绍裁判团队给教练和队长。

(4)边裁(非球队提供的巡边员)可检查靴子钉头是否尖锐或危险,以及球员是否违规佩戴手表和首饰。

(5)主裁判需向前排球员、传锋及队长做简要说明,内容要简洁明了。

(6)向前排球员解释斯克兰口令顺序,并告知每个口令后有非言语停顿。

(7)询问前排球员是否知道“求救程序”,若不知则要求教练指导。

(8)提醒传锋在斯克兰顶架稳定成方形后投球。

(9)提醒传锋被判罚踢时,若想快速发球应跑向发球点。

(11)询问队长是否有问题。

(12)强调裁判将通过队长与球员沟通。

(13)强调提出问题的合适时间和地点。

(14)祝比赛愉快,并安排掷硬币时间。

(四)跑上赛场

(1)裁判员应带领边裁(巡边员)及两队球员进场。

(2)必要时可在更衣室外吹响口哨提醒,不要站在场地中央等待球员。

(3)尽量最后上场,但不要让球员等待。

遵循这些团队合作的准则,可以确保裁判团队与球队之间的顺畅沟通,以及比赛的顺利进行。

第三节　赛中的执裁重点

通常情况下,裁判在比赛前和比赛中需要关注的重点包括比赛规则与解释的确认,特别是不同年龄段或性别可能带来的规则调整;比赛性质的影响,如友谊赛可能更注重运动员的参与和体验,正赛则需严格执行规则确保公平性和竞争性;比赛形式的特点,七人制比赛节奏快需关注越位、犯规和快速重启,十五人制则需更好地管理比赛空间;运动员的安全始终是首要考虑,需密切关注高危险动作并及时采取必要措施;保持比赛流畅性,平衡规则执行和比赛节奏,采用快速判罚和重启方式;团队合作与沟通至关重要,确定裁判角色职责和分工确保判罚一致性;准备应对特殊情况如天气变化、运动员受伤、观众干扰等;以及如果比赛使用技术设备,需熟悉其操作和使用方法,确保准确性和可靠性。在与裁判教练交流时,可以围绕这些重点进行讨论,明确当场比赛的执裁重点和注意事项。

一、非暴行的关注要点

(一)踢球

在橄榄球比赛中,自由踢或罚踢应当不加延误地迅速进行,任何球员都可以选择碰踢、落踢或定位踢球的方式,这些踢球动作需通过膝盖到脚的小腿部分来完成,但膝盖和脚后跟不包括在内。球员有权将球通过碰踢或落踢踢出边界,定位踢球则不允许。踢球完成后,若球无其他球员触碰,踢球人可立即再次操弄球。防守队犯规时,裁判将自由踢或罚踢前移 10 米作为惩罚。

(二)球出界

在橄榄球比赛中,当球直接或由球员持球触及边线或边线以外的地面时即被称为球出界,巡边员是在此情况下在相应边线处给出信号的公证人员。他们手持旗帜或其他标志物,密切关注比赛情况,当球出界时迅速举起旗帜向主裁判和场上球员示意,以确保比赛的公正性和顺利进行。

(三)踢球出界

在橄榄球比赛中,任何球员都允许故意将球踢出界,但不允许将球传出界,此时将判罚争边球给非踢球一方;然而,当此次踢球为罚踢时,即使球被踢出界,争边球仍由踢球方投进。

(四)踢球非直接出界

在橄榄球比赛中,当球并非直接被踢出界,而是在出界前有点地、触碰到球员或裁判,即非直接出界时,投入争边球的位置应与球实际出界的位置一致。这种情况下,踢球方将从此次踢球中获得地域优势,因为争边球的投入位置反映了球在出界前的最后位置,保持了比赛的公平性和连续性。巡边员或视频助理裁判需准确判断球出界的确切位置,并通知主裁判。

(五)踢球直接出界

在橄榄球比赛中,若球被直接踢出界外,即未经任何触碰径直飞越边线,那么投入争边球的位置必须与踢球点精准地位于同一条与边线平行的直线上,且这条直线要准确穿过球出界的那一点。这样的规则设定,确保了踢球一方不会因球出界而获取任何地域上的优势,彰显了比赛的公平性和公正性原则,为场上双方提供了完全均等的争抢机会,这正是橄榄球比赛中“拱手让人”精神的生动体现。

(六)罚踢未成功或球出界

若罚踢未成功或球出界,比赛进入死球状态。此时,防守方应在 22 米线后执行重开踢,亦称为 22 米反攻踢。

(七)球在哪里投入

快速投入可在任何球出界点之后进行。但若球在非规则线处出界,则必须在出界点的边线后进行投入。若球在距达阵线 5 米内出界,则将在 5 米线处投入。

(八)快发争边球

快发由拥有发球权的球队在球出界时执行,但发球人必须是除带球出界球员外的第一个触球者。若球员带球强行出界,必须立即放手,以便对方球员进行快发。出界方球员不得干扰快发过程。争边球阵列形成后,不得进行快发。

快发时,必须使用之前比赛中的同一个球。球可以在出界点至该球队阵线之间的任意位置投入。投球时,不必要求球路笔直,可向该球队阵线方向倾斜。投球距离必须超过 5

米，且在球投入场地前，投球人不得踏入场地。对方球员有权争夺投入的球。

（九）扑搂（tackle）和拉克（ruck）

1. 扑搂

球员仅能扑搂持球的对方球员。扑搂时机必须恰当，不能过早（在对方球员接球之前）或过迟（在对方球员传球之后）。严禁扑搂无球球员，且扑搂时不得接触对方球员肩部以上部位（即过高扑搂）。任何形式的击打行为，包括使用"直臂"击打，均属违规。扑搂时，扑搂者不能仅用肩膀进行扑搂，必须使用手臂（即"扑搂中的手臂"原则）。此外，扑搂者不得将持球人举起，并将其头部或肩膀撞向地面（即禁止抱摔扑搂）。

2. 拉克

当双方各有至少一名球员围绕地上的球进行争夺时，即形成拉克。参与或加入拉克的球员，必须用整个手臂紧紧夹扎在队友或对方球员的身上。他们通过连续的小碎步爆发力量，试图跨过地上的球员和球，将对方球员从拉克中清离。这种跨过球并强力向前推进的行为，被称为"清人"。

关键在于要在对手之前聚集更多人，尽早取得人数优势。有时，球会被地上球员的身体挡住出球路线，这时进攻队需要谨慎地用脚将球钩出。但在此过程中，必须格外小心，以避免伤害躺在地上的球员，因为裁判一旦发现存在危险行为，将会立即判罚。

3. 拉克中的越位

球员加入拉克时，必须从己方最后一名球员的脚后面加入，不得从其他方向插入。球员的选择是要么加入拉克，要么在后面等待。不允许其他球员在拉克旁边闲逛或逗留。

所有不在拉克中的球员，应站在本方最后一名球员的最后一只脚后面。如果最后一只脚位于达阵线后面，那么越位线即为达阵线。

4. 拉克中禁止的行为

（1）不能用手或者脚捡起地上的球。

（2）球一旦离开拉克，不允许再将它带入拉克之中。

（3）当球还没离开拉克时，球员不允许以任何方式欺骗对方球员，使对方误以为球已经出拉克。

（4）不能踩踏或者对抗躺在地上的球员。

（5）任何球员不允许跳上拉克，或者使拉克崩塌。

（十）冒尔（maul）

一个站立的持球球员，以及本方和对方各至少一名站立的球员夹扎在一起，即形成了冒尔。因此，冒尔开始时至少有三个人：一个持球球员，然后双方各一名球员，并且他们必须保持双脚站立。所有参与冒尔的球员都必须夹扎在冒尔中，并且双脚站立向着达阵线方向推进。

1. 形成或者加入冒尔的规则与拉克相同

（1）球员双脚站立，从本方最后一只脚后面加入；

（2）正确的夹扎，头和肩不允许低于臀部；

（3）支援冒尔的球员需要有效地像楔子一样夹扎在两个队友之间或者夹扎在持球球员

的旁边,以保护球免受对方球员的干扰;

(4)同样的,球员不能将对方球员拉出冒尔。

2. 冒尔中的越位

(1)在乱集团(无论是拉克还是冒尔)中后到的球员应该从本方最后一名球员的最后一只脚后面进入;

(2)想要加入乱集团的球员必须通过正后方(从自己一方达阵线的方向进入被视为是正后方)的门进入;

(3)他们必须夹扎在其他已经在冒尔中的球员身上,头和肩不能低于臀部;

(4)同时,冒尔中的球员必须处在拉克或者冒尔的最后一只脚后面,否则他们是越位的。

(十一)裁判吹停冒尔

在冒尔中,如果持球球员倒地、冒尔崩塌(不是因为严重的犯规)、冒尔保持静止或停止向前移动超过 5 秒,此时裁判会吹停冒尔并判给冒尔开始时(在冒尔保持静止时裁判会喊“USE IT”督促持球方发展球)非持球方的司克兰投进权;如果裁判不确定一开始谁持球,那么会将司克兰投进权判给冒尔停止前向前推进的队伍;如果冒尔始终是完全静止的,那么进攻队会得到司克兰的投进权。

(十二)斯克兰(scrum)

1. 不允许用手或者胳膊向前击打球(前掉球)或者传球(前传球)。

2. 不能用危险的方式扑搂人。

3. 不能站在不应该在的地方(越位位置)。

4. 在场上,球员偶然违反了规则(例如前传球)时,将通过向斯克兰(推动竞争)中投球来重新开始比赛;当球员造成球出界而违反规则时,比赛就以将球投入争边球队列(起跳竞争)来重新开始比赛,由没有违反规则的一方投球。若球员较为严重地违反了规则(例如不正当行为),该队就会受到惩罚,裁判甚至会让犯规球员坐到受罚席 10 分钟(裁判给出黄牌),或者禁止球员参加剩余的比赛(裁判给出红牌)。然而,如果没有违反规则的一队处于有利位置,裁判会允许比赛继续,因为橄榄球中的高级法则是“有利规则”,它旨在实现更高的目标——保证比赛的连续性。比赛中,发生扑搂且两个队在争夺球时会有停顿(但非停止),在这一区域中,争夺球权是橄榄球的最重要特点之一。参与竞争的球员可以尝试将其他球员推开以远离地上的球,这称为拉克。若有三个或更多球员争夺或推动手中的球,则形成冒尔。球员们以充沛的精力和运动员精神投入这些争夺。裁判员负责确保比赛按照规则进行,而规则中的最后一句话明确指出:裁判员的决定是最终的判决!

二、裁判对暴行的管理

裁判员应控制不必要的伤停,并积极主动让比赛继续,例如前排球员在并列争边球中摔倒受伤时。若受伤的球员不影响比赛,且已被队医注意到,则比赛继续。若队医表示球员受伤严重,裁判应暂停比赛。若比赛接近地面上的受伤球员,裁判应立即暂停比赛。裁判员应积极主动确保有开放性伤口的球员离开赛场进行治疗处理。

（一）危险比赛是不被容忍的。裁判必须判断球员行为是故意、过度热情还是粗心大意导致，这在低年龄段的比赛中尤为重要。裁判公平处理这些情况至关重要，任何个人或团体重复出现恶意行为，都是不可原谅的。

（二）世界橄榄球协会提供了有关“粗暴的”（最轻判黄牌警告）和“意外的”（最轻判罚踢）过高扑搂的新指导，鼓励更严格的执行。在大多数情况下，“与头部接触”的扑搂，判罚最低为罚踢。

（三）为了做出合适的判罚（罚踢、黄牌或红牌），裁判应考虑以下因素。

（1）接触部位：过高扑搂是从哪里开始/结束的，是与手、手臂还是肩膀接触的？

（2）动作：扑搂行为是偶然的、粗鲁的还是故意的？

（3）发力程度：撞击的严重性，扑搂人是否继续实施扑搂动作，例如围绕脖子的扑搂？

（四）颈部扭转

世界橄榄球协会正在努力消除清人时“锁喉和扭转脖子”的行为。裁判指南如下。

（1）罚踢：扑搂或拉克中锁喉但没有扭脖子；

（2）黄牌：锁喉并扭脖子（可能将球员放倒在地）；

（3）红牌：锁喉并扭脖子，通过强有力的“猛压动作”将球员放倒在地。

（五）空中接触

世界橄榄球协会为两个球员在空中抢球发生身体接触的情况提供了指导。

（1）继续比赛：两名球员都处于合适位置以公平地抢球，即使球员危险落地，也可以继续比赛；

（2）罚踢：不是一个公平的抢球，时机不对，但没有向下拉人；

（3）黄牌：不公平的抢球，没有争抢，并且球员被向下拉/干扰以至其后背部或侧面直接着地；

（4）红牌：不公平抢球，没有争抢，并且球员被向下拉/干扰以至其头部、颈部或肩膀直接着地。

（六）其他暴行

（1）球员不得在没有夹扎的情况下从侧面全速冲入拉克和冒尔（肩部冲击）。关于“肩部冲击”的规则指出，球员在不试图抓住对手的情况下不得冲撞或击倒持球的对手，这是裁判员应遵循的标准。

（2）“剪草式”扑搂是非法的（直接冲撞持球者的腿部）。

（3）会将球员置于受伤危险的抬高式扑搂必须受到惩罚。扑搂人的责任是安全地完成扑搂，将被扑搂人摔下或扔出以至于有受伤危险的扑搂必须受到严惩。

（4）每当被扑搂人的腿被抬高到水平位置以上时，都应该至少出示黄牌。若被扑搂人被抬起并以肩膀或头部区域直接着地，则应给予红牌。

（5）在 U19 比赛中，拳头攻击和踩踏是自动罚下（红牌）。

（6）若球员故意采取行动以“榨取”罚踢，则比赛可能将继续。

（7）球员不应在比赛中要求裁判做出决定，挥动手臂或朝裁判大喊（例如“那应该给牌！”）。

第四节　赛后总结

比赛结束后裁判员不要在其他地方立即安排任何事,例如在紧接着的比赛中进行裁判或巡边,不要忘记感谢队长、助理裁判以及巡边员,如果一个教练裁判正在观看比赛,一定要表示感谢,不要害怕和裁判教练交谈,他们是来帮助裁判提高执裁水平的,注意倾听教练的意见,裁判教练的讨论将给裁判机会解释为什么做出那些决定,同时也给裁判机会考虑比赛中某些特定情况的可供选择的解决方案,如果裁判在一个规则问题上做出了错误的判罚,那么在比赛结束后,应该尽快查阅规则书,确保在下一场比赛时有正确的理解并不会再出错,每场比赛结束后,裁判都要对比赛进行自我分析,力求在下一场比赛之前克服先前的弱点或错误,此外,主裁判还要在赛后第一时间完成红黄牌报告(如果是助理裁判举发的红黄牌,助理裁判也要完成相关报告),以协助相关纪律处理的推进,必要的时候裁判员及助理裁判还要参加听证会。

第五节　U19 以下比赛中对裁判员的特殊要求

如果裁判最近没有执裁过 U19 比赛,那么应该温习规则书后面的相关规则。务必记住,世界橄榄球协会 U19 规则的变化是适用于所有国家的 U19 比赛的。在执裁 U19 比赛时,裁判员要特别关注比赛的安全性,因为家长们和其他观众对比赛的安全性非常敏感。如果比赛进行得不安全,他们可能会表现得很激进;相反,如果比赛安全有序,他们则会非常感激。此外,U19 比赛的管理会因年龄组的差异而有所不同,因此裁判员必须十分熟悉并理解不同年龄组的比赛特点和规则差异,以确保能够准确、公正地执裁比赛。

一、注意

冷静且权威;了解年龄性格特点;判决坚定;说话语气平静;在声音和行为上表现出自我控制。

二、禁忌

(一)表现得很困惑

说威胁的或讽刺的话;发脾气或表现出愤怒;暗示裁判的权威受到威胁。

(二)7 到 10 岁

这个年龄段的孩子非常年轻,他们渴望被当作大人一样对待,喜欢得到他人的认可和赞扬。同时,他们的注意力持续时间相对较短,容易分散,因此在与他们交流或进行教学时,需要保持内容的吸引力和趣味性。此外,这个年龄段的孩子乐于接受简单、新颖的想法,这为他们的学习和发展提供了良好的契机。

(三)10 到 13 岁

这个组别的人可以被称作“年轻的先生或女士”,他们充满自信,有着强烈的自我展示欲望。他们性格外向,善于与人交往,通常很容易相处。这些特征使得他们在社交场合中表现活跃,乐于分享自己的想法和经历,也愿意倾听他人的声音,从而建立起良好的人际关系。

(四)13 到 15 岁

这个年龄段的孩子生理心理逐渐成熟,但身份和自我形象尚不确定;渴望表扬,厌恶批评;受成年人影响时,若感威胁可能好斗;易受同龄人影响;喜欢成为团体一员,讨厌被单独拎出。

(五)15 岁及以上

对待这个年龄段孩子的方法应是积极的,因为他们仍受群体心理影响;他们喜欢被当作成年人对待,讨厌任何把他们当作孩子对待的行为;同时,他们在比赛中会很快察觉出裁判是否自信,一个缺乏自信的裁判会让他们失去对比赛的信任和尊重。因此,我们应尊重他们的成熟度,给予他们适当的自主权和决策权,同时裁判在执裁时也应表现出自信和果断。

三、处理辱骂事件

在橄榄球比赛中,所有球员、比赛人员和教练都享有享受愉快比赛环境的权利。然而,裁判员有时可能会遭遇或目睹不文明行为。面对这种情况,裁判员应采取积极措施控制局面。对于诸如“裁判,让他们后退!”或“裁判,刚刚的前掉球怎么办?”等无关紧要的言论,裁判员可以选择忽略。但若言论升级到质疑裁判员的品格,如“裁判,你就是个笑话!”,这属于针对个人的攻击,裁判员不应容忍,应对违规球员进行处罚,出示黄牌让其冷静,若涉及辱骂,则应出示红牌。

若裁判员面对辱骂他的观众,应避免直接冲突,应吹停比赛,到场边,找来场地负责人(或询问参赛队教练),冷静地要求他们处理该观众,以确保比赛能重新开始。若该观众继续不当行为,裁判员应要求教练确保其完全离开。若中场休息时有愤怒球迷接近,裁判员最好避免讨论或交流可能激化局势的内容,可礼貌建议休息调整后再谈。

遭遇不文明行为时,裁判员应报告该行为,因为虽然自己可能能忍受,但下一个裁判可能不会那么幸运。裁判员应准确记录言论,之后可通过学校或俱乐部代表询问冒犯者姓名。比赛中可能有裁判教练或支持裁判的观众站在裁判这边。希望这种情况不发生,但裁判员应做好准备,以防万一。

四、裁判员简况

下面这些方面构成了“橄榄球裁判简况”,其中各项内容被世界橄榄球协会视为成为成功裁判的关键因素。裁判是基于他们的表现是否符合这个简况,来被认定为是否合格的。每个裁判都有一个教练报告,在报告的底部有裁判简况的每个方面的细节。裁判教练可以确定 3 个表现优异的领域以及 3 个仍需提高的方面。

(一)决策能力

扑搂——是否清晰地放人、扑搂人是否正确地离开、支援球员是否站立。

斯克兰——组架是否合规、组架后是否稳定、双方是否水平发力。

争边球后的冒尔——双方球员是否合法的争抢球、移动、阻止推进、进入冒尔。

空间的把握——拉克边上是否有越位的球员、定位球中的越位、在一般比赛中的踢球。

暴行——是否给予合适的惩罚。

(二)赛中自我调整能力

1. 是否了解比赛情况并进行适当调整。
2. 是否可信——有没有通过决策赢得尊重。
3. 是否了解什么是重要的——有没有在比赛中做出合乎逻辑的决策。

(三)比赛管理能力

1. 现场表现和展示的肢体语言。
2. 介入相关情况的有效时机(给予口头警告、黄牌或红牌)。
3. 是否能有效地管理(时机把握和所表达信息的清晰程度)。
4. 在压力环境下没有犯规则上的错误。
5. 在激烈的比赛中是否表现出的抗压能力和判罚的准确性。

(四)个人特质

1. 身体上是否做好准备。
2. 是否做好比赛准备。
3. 是否负责任地、真实地、专业地展示团队价值观。
4. 是否尊重并被比赛各方尊重。
5. 是否能够推动自身发展。
6. 是否能够适应各种环境。

第七章　球 童 指 南

一、目的

在橄榄球比赛中,球童服务至关重要,他们确保在重开球或争边球等关键时刻能立刻提供比赛球,有效防止因缺少比赛球而浪费时间。这种及时的服务不仅保持了比赛的连续性,还确保了比赛的公正性,避免了因不必要的延误而对比赛结果产生潜在影响。球童的存在是橄榄球比赛顺畅进行的重要保障。

二、定义

球童联络官:向赛事经理报告,同时监督球童的运转、表现和后勤。

球童:负责回收比赛用球,受当地协会或裁判团队管理。

裁判团队:附属于协调球童服务的当地协会的裁判团队或裁判协会。

三、标准

成为橄榄球比赛的球童是一项对男女均开放的任务,但需满足以下条件:首先,申请者必须年满 10 岁,这是基本的年龄要求;其次,对于高水平比赛,指派球童时需特别慎重,建议优先选用有经验或年龄达到 13 岁以上的球童,以确保他们能够胜任这一职责;此外,这些球童最好已经接受过相关的专业培训,包括非常基础的助理裁判课程,这样他们能更好地理解比赛规则,为比赛提供更专业的服务;最后,也是最重要的一点,球童的家长或监护人需要在同意及赔偿表格上签字确认,以确保球童在参与比赛服务过程中的权益得到保障。

四、纪律准则

球童在比赛日应严格遵守以下纪律准则。

1. 准时:准时至关重要,球童需确保在开球前 1 小时到达指定球场报到,以做好充分的准备工作。

2. 按规定着装:所有球童必须按照着装准则穿着相应的服装,保持整洁、专业的形象。

3. 避免不必要的互动:球童应专注于自己的职责,不要参与到其他球童、裁判或观众的不必要讨论中,避免玩耍或分心。

4. 禁止踢球或玩耍:在开球前和比赛期间,球童严禁踢球或进行任何玩耍行为,以保持比赛场地的整洁和秩序。

5. 使用恰当的语言:球童应始终保持文明礼貌,说粗话或不礼貌的语言是不被允许的。

6. 不要喝饮料或进食:比赛期间,球童应在指定的区域外饮用饮料或进食,以保持比赛场地的清洁和专注度。会有专门的区域提供饮料和食物供球童使用。

五、着装准则

球童在比赛日应严格遵守以下着装准则:报到时就需穿着合适或符合主办协会或负责球童的当地裁判团队规定的服装,具体比赛服装将由球童联络官依据比赛赞助商的要求提供,包括夹克/运动服(根据天气情况选择穿着)、运动衫/T恤、短裤、袜子(所有着装应保持整洁、干净、体面);球童的鞋应是跑鞋或按要求指定的其他鞋类;比赛结束后,球童应尽快将所有装备交还给球童联络官。

六、后勤要求

球童联络官应负责全面协调与球童相关的各项要求,具体职责包括:

负责球童的委派工作,确保每场比赛都能有合适且胜任的球童担任,以保证比赛的顺利进行;安排并提供饮料和食物,这些应按照比赛的具体安排及时提供给被委派的球童,同时明确球童只能在指定区域和指定时间内享用,以维护比赛现场的秩序;负责球童装备的准备工作,确保每位球童都拥有执行其职责所需的全部装备,包括服装、鞋子以及其他必要的物品;准备比赛用球,总共需提供3个符合比赛标准的比赛球,以确保比赛过程中球童能够及时更换或提供备用球;在坏天气条件下,提供擦球的毛巾供球童使用,以确保比赛球保持干燥、清洁,不影响比赛的正常进行;协调并管理球童更衣室设备,建议指定一个能够容纳至少9个人的更衣室,并配备带锁的更衣柜,以保障球童的个人物品安全;同时,更衣室内应设有厕所,且比赛日当天除球童外,其他人不得进入球童更衣室,以维护球童的隐私和更衣室的秩序。

七、球童运转

为确保比赛顺利进行并提升比赛效率与观赏性,场边球童的配置与运转方案如下。

1. 球童数量配置

最少确保有6个球童负责捡球,根据球场的具体结构和比赛需求,球童数量最多可增加至8个。

2. 球场区域划分与球童安排

将球场明确标记为3个区域,即A区、B区和C区,球童将按照以下方式进行运转。

A区:主要区域。安排2个球童负责。这个区域是比赛中的核心区域,球童需要密切关注比赛动态,及时捡取并归还比赛用球,确保比赛流畅进行。

B区:对面区域。同样安排2个球童。这个区域与A区相对,球童需要保持警惕,随时准备响应比赛中的需求,如捡球、传递球等。

C区:极阵区域。安排1或2个球童,根据比赛情况和球场结构灵活调整。极阵是比赛中得分的重要区域,球童需要在这里更加专注,确保比赛用球的及时供应,同时配合裁判和球员,保障比赛顺利进行。

3. 球童位置与配合

所有球童的位置都在比赛围场内,他们需要密切配合,相互协作,确保比赛的顺利进行。球童之间需要保持良好的沟通,及时传递信息,共同应对比赛中的各种情况。

通过这样的安排,可以高效地管理球童的工作,提高比赛的流畅度和观赏性。同时,球童的专业素养和配合能力也将成为比赛顺利进行的重要保障。场地上球童运转区域如图 7-1 所示。

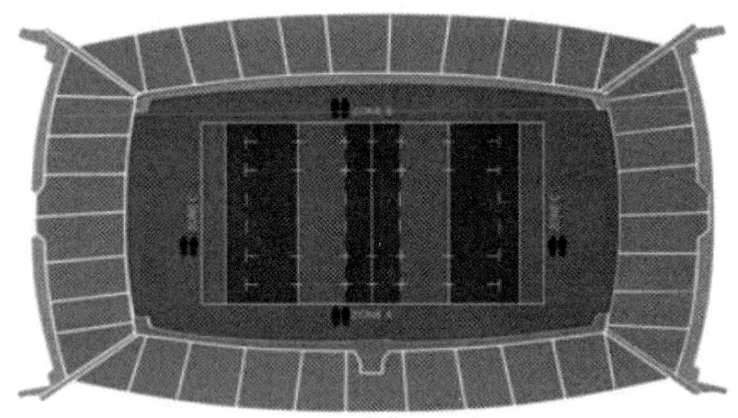

图 7-1　场地上球童运转区域

球的位置如下:

A 区 1 个,B 区 1 个,除以下例外还有 1 个球始终在场地里。

吉祥物通常会带着开场球和主队一起进场。如果没有吉祥物,球童就要在上半场开场前放一个球在中线标点上。如果遇到恶劣天气或比较重的露水(夜间比赛),球就不要放在场地中间,而是在上场前交给开球队。

遇到以下情况,A 区球童要放一个球在中线标点处:

1. 下半场开始前。
2. 追加攻门结束后。
3. 罚踢攻门结束后。
4. 落踢攻门结束后。
5. 球童轮流回收踢出比赛围场或比赛面积的。

球在一般比赛或 free kick 中被踢出界,球童在球不能操弄前都不能碰球。关键点:注意观察跑向球的球员或离球很近可能快发的球员。球不能继续操弄的情况:1. 球离开比赛面积并留在那里。2. 裁判吹哨让比赛停止。

球在罚踢中被踢出界,球童应预估球的落点以尽快回收球。第二个球童要站在接下来进行争边球的地方,准备把另一个球放在地上或递给要投球的勾球员。如果有球员尝试罚踢射门或落踢射门时,在球不能操弄前球童绝对不可以碰。

如果射门成功就可以直接回收球。A 或 B 区的一个球童移动到角旗附近回收来自 C 区的球,以确保出界线上一直有球可以用。

加踢射门时球可以直接回收。球童不到万不得已,绝对不能出现在摄像机和照相机面前(包括踩到摄像线缆),也不能出现在技术区和观众面前。

球童要从旁协助,确保半场和全场比赛结束后所有比赛球都被回收。

第三部分　比赛后的收尾工作

第八章　比赛监督的赛后职责

第一节　纪律问题

纪律问题通常指的是《世界橄榄球协会条例》第17条(以下简称条例17)所列举的相关内容。一般来说,纪律问题的处理也需依循条例17所规定的方式进行处理。

如果比赛中出现了纪律问题,比赛监督可以根据自己的判断决定是直接给予参赛球员警告还是在赛后与比赛督察联系,包括获取便于执行纪律规定所需要的文件资料。

以下情况发生,比赛监督可以警告某参赛球员其行为会导致该队接受纪律处罚:

一、某参赛队球员对任何赛事组织工作人员有冒犯行为。

二、重复违反技术区规定。

三、重复违反参赛协议中新闻媒体的规定(赛前或赛后的活动)。

四、某队有过多的人员在赛场的一边并且额外多出的人员拒绝离开场地。

而如果比赛监督认定需要与比赛督察联系,则在赛后第一时间就需要联系到比赛督察,同时也要与参赛队伍领队会面,确定队伍是否有要转交或比赛督察应该得到的相关陈述。通知参赛队领队转交给比赛督察的所有陈述必须在比赛结束12小时内以书面报告的形式交给指定的纪律官员。

比赛督察通常不需要出现在赛场内,因此在比赛进行时不能亲自在比赛现场。如果有相关的事件发生在摄像机镜头之外,比赛监督因此而需要呼叫比赛督察时,可以直接联系比赛督察予以帮助。

条例17的具体内容参见附件。

第二节　纪律听证

在纪律问题处理过程中,确实存在需要以听证会形式进行处理的情况。以下是对需要比赛监督组织纪律听证会的具体情况以及参加听证会的赛事官员的详细阐述:

一、需要组织纪律听证会的情况

1. 当场比赛出现红牌时。

2. 当场比赛出现黄牌,且有球员累积黄牌达到规定数量时(具体情况可能根据赛事规则而定)。

3. 比赛督察发现需要传讯(citing)的行为时。

二、参加听证会的赛事官员

一、负责任命比赛督察和管理听证而被官方指派的纪律官员(designated disciplinary official)。这位官员负责整体管理听证会的过程,包括任命比赛督察和确保听证会的顺利进行。

二、负责传唤有违规行为而没有得到裁判处罚的球员出席听证会的比赛督察。比赛督察负责在比赛中观察并记录可能的违规行为,并在必要时提出传讯请求。在听证会上,他们将负责传唤相关球员出席,并提供证据支持其传讯请求。

三、负责主持纪律听证会的仲裁官员(judicial officer):仲裁官员是听证会的主持人,负责确保听证会的公正、公平和有序进行。他们将听取各方陈述,评估证据,并最终做出裁决。

综上所述,当比赛中出现红牌、黄牌累积或比赛督察发现需要传讯的行为时,比赛监督需要组织纪律听证会。听证会将由负责任命比赛督察和管理听证的纪律官员、负责传唤球员的比赛督察以及负责主持听证会的仲裁官员共同参加。这样的设置确保了纪律问题的公正处理,维护了比赛的公平性和秩序。

第四部分　相 关 文 件

雷电及炎热天气安全指引

一、雷电天气下的安全指引

从基层群众赛事到职业选手比赛,在任何形式的橄榄球运动中,无论赛事级别如何,充分认识闪电雷击的危险性并采取适当预防措施都能有效降低相关事故风险。当存在雷击风险时,所采取的具体措施取决于赛事组织方及相关人员获取的信息质量。任何防范政策或指南都应包含以下行动方案:

即时数据监测:即时数据需通过当地气象部门及专家建议获取。这些数据将作为判断赛事是否启动、继续或中止的重要依据。

明确指挥体系:必须建立清晰的指挥系统,明确指定负责决定暂停赛事或组织撤离的最终责任人。该责任人需熟悉当地应急预案,并能获取准确、实时的气象信息。

赛前气象协作:赛事筹备阶段应与当地气象部门建立联系,或设置天气预警追踪机制。

安全距离准则:当闪电发生在赛场 6 英里①范围内时,建议立即疏散运动员。基于声速约每秒 0.2 英里的传播特性,可通过"闪电—雷声"间隔时间(秒数)除以 5 来估算雷击距离。

安全区域划定:建议将距离雷击点 6 英里以外的区域视为安全地带。

30/30 规则应用:无法获取实时气象数据的赛事或场地应采用 30/30 安全准则:当闪电与雷声间隔≤30 秒时,必须立即避险。

雷暴回返预警:需特别注意雷暴可能回返的特性。安全规范建议,最后一次观测到闪电或听到雷声后,需等待至少 30 分钟方可恢复比赛。例如:12:03 观测闪电,28 秒后闻雷(距离 5.6 英里),应立即疏散;若末次雷击发生在 12:18,则最早 12:48 方可恢复比赛。

地形调整原则:6 英里安全距离可根据地形调整:平坦区域(如沙漠)应扩大距离,山脉遮挡区域可适当缩短。

安全避险场所:

1. 永久性坚固建筑(配备完整电路系统,可安全导引雷电流);
2. 金属车身接地的封闭车辆(如大巴);
3. 需规避的危险区域;
4. 开阔地带,特别是人群密集区;
5. 高大建筑物或树木附近;
6. 低矮临时建筑(尤其金属结构);

---

① 1 英里≈1.609 千米

7. 树下/灌木丛、水域附近、开阔地、信号塔周边；

8. 增高物品（如雨伞）、通讯设备使用。

观众安全准则：观众应遵守场馆应急预案。非场馆赛事中，运动员需遵循相同安全规范。

二、炎热天气下的安全指引

众所周知，极端环境下的运动训练与医疗风险密切相关。针对高温环境下的运动安全，美国运动医学院（ACSM）制定了专门的指南，主要面向耐力型赛事（如长距离徒步比赛），建议当湿球黑球温度（WBGT）超过 28 ℃时考虑取消赛事。

然而，橄榄球作为一项间歇性团队运动，其特点与耐力项目存在显著差异：比赛由两个 40 分钟的半场组成，运动员体型各异，且比赛中因暂停和换人等因素有更多补充水分的机会。鉴于这种差异，有必要参考更符合橄榄球运动特征的高温指南。

调查发现，澳大利亚橄榄球联盟（ARL）在 2000 年基于 John Brotherhood 博士的研究制定了高温应对方案。该研究指出，单纯依赖 WBGT 存在局限性——该指标仅综合了环境温度、地表辐射热和湿度（其中湿度贡献占 70%的权重），且气象部门通常不直接提供 WBGT 数据，需通过其他参数估算。Brotherhood 博士更推荐采用 Belding-Hatch 热压力指数（BHSI），该指数通过计算运动员蒸发散热需求与环境最大蒸发能力的比值（×100）来评估热负荷，数值 100 表示产热与散热达到平衡。

2001 年，澳大利亚国家橄榄球联盟（NRL）采纳了基于旋转式湿度计测量的热应激指数作为环境评估标准。自实施该指南以来，比赛中未再出现热病相关疾病病例。

【背景资料】

热病有可能从热虚脱发展成中暑。中暑是一种潜在的致命疾病。当身体产生热量的速度超过热损失的速度并且全身温度上升到导致器官机能失调和崩溃的水平时，便会产生中暑。许多因素影响着热病的发生。当在炎热的环境中进行运动时，应当认识到它们的严重性。然而，应当承认，判定一个人将要中暑确实是很困难的。当一个人感受到热病时，核心体温会高于 38 ℃。已知的影响运动员核心体温的主要影响因素如下：

1. 外部因素

（1）环境温度；

（2）辐射热——阳光直射；

（3）湿度；

（4）风；

（5）阳光下暴晒的时间；

（6）衣着，如深色衣着、头盔、护肩；

（7）药物——兴奋剂，如有副作用的假麻黄碱和咖啡因。

2. 内部（球员）因素

（1）球员过去的不耐受炎热的经历；

（2）身体形态——体重较重的运动员；

(3)有氧运动；

(4)适应性；

(5)水分供应情况——训练前和训练期间；

(6)疾病——病毒性疾病，如上呼吸道感染和胃肠炎。

重要的热应激信息

每个运动员应付炎热的能力是可变的，并且取决于他们当天产生的汗水，蒸发的汗水和取代液体损失的能力。据报道，在炎热潮湿的条件下，历时80分钟的足球比赛，球员必须通过蒸发2~35升的汗水来消散身体产生的热量，以防止体温危险地升高。如果在炎热的环境练习的情况下，建议密切监测球员。这应以个人的评估为基础，任何球员表现出热应激迹象或症状应当立即从训练或比赛场地中移出。

如果出现热应激，经常报告有以下因素的综合作用：

缺乏适应能力。适应能力是逐渐表现出的热负荷和工作量的增加，并且是减少热病事件的重要因素。

当天个人体温的调节受损，如病毒性疾病、开始活动脱水、使用不良药物，如兴奋剂。

在那天做出了额外的努力，如给球队、给教练留下深刻印象，或实现目标。

研究尚未确定在特定的温度和/或湿度时，不建议训练。

推荐减少热应力的策略

1. 在比赛和训练期间降低热病发生率的关键步骤：

(1)教育；

(2)安排恰当的训练和比赛；

(3)适应能力；

(4)极端条件的评估；

(5)实施干预；

(6)危机管理。

2. 对运动员的建议：

(1)向医务人员报告以前热病发作的经历。向教练员和医务人员报告运动员本人当前任何病毒感染，特别是与温度相关的感染，这应定期向运动员反复强调；

(2)在训练前避免使用兴奋剂，如假麻黄碱和咖啡因；

(3)在每次训练前，保障充足的饮水；

(4)每次在训练和比赛的过程中喝液体饮料；

(5)及早报告热应激的迹象，如抽筋、头痛、恶心、呕吐，这应该定期向运动员反复强调。

3. 对教练员、管理人员和医务人员的建议：

(1)意识到热应激的早期迹象，如抽筋、头痛、恶心、呕吐，表现能力下降，动作不协调，行为“异常”。

(2)鼓励报告当前病毒感染的实际过程；

(3)鼓励所有的球员在比赛前或训练前采取充分的补充水分的执行策略，如训练前和

训练后称体重。训练前的尿比重评估;

(4)认识并接受严重热病潜在的严重性,那就是中暑。

(一)训练和比赛的安排

如果切实可行,当环境温度,辐射热(阳光直射)和湿度预计在可接受的水平时,应安排训练和比赛。利用热应力指数可接受水平的指导原则是:温度 30 ℃;湿度 60%。

没有证据表明在较高的温度和湿度水平下训练或比赛会导致热病。有史以来的数据应从当地的气象局获得,以确认在一整天和一个月最有可能经常出现这些情况的次数。这些信息可以帮助安排训练,以尽量减少风险。

(二)适应性

允许运动员适应炎热气温也应该是热病管理的一个组成部分。在炎热潮湿的条件下,应该逐渐地安排训练活动,使运动员适应这些困难条件。据报道,在适当的光照环境下暴晒 7~10 天以后,才会出现适应的状况。

(三)极端条件的评估

在极端气候条件下,可能会对环境进行客观评估,以帮助确定当前的条件是否安全。研究和经验证实,使用“旋转温度计”测量的“热应力指数”既实用又可靠,建议每块橄榄球场地都要有一个旋转温度计用来测量天气条件。热应力指数是一个综合指标,它考虑了各种相对湿度下的空气湿度,能够提供一个数值,用于评估当前环境对运动员可能产生的热应力。先前的研究已经证实,如果热应力指数百分数低于 150,运动员的风险应该是最小的。经验表明,运动员能够应付高达 250 的热应力指数。但在指数高于 150 的情况下,建议使用能够预防热病的干预措施这些措施可能包括增加休息时间、提供充足的饮水、调整训练或比赛时间等。

(四)热病预防干预措施

虽然热应力指数已经成功地在澳大利亚橄榄球联盟的比赛中使用,但世界橄榄球认识到橄榄球运动员(rugby union player)比橄榄球联盟运动员(rugby league player)有更高的风险。这一观点基于以下几个理由,并在世界橄榄球制定相关干预措施时被充分考虑:橄榄球运动员通常体形高大魁梧,更容易受热应力影响;在橄榄球联盟比赛中,替补球员可以迅速进入赛场替换队友,而橄榄球比赛中替换可能不那么迅速,增加了在场运动员的热压力;橄榄球联盟运动员的有氧耐力较高,但橄榄球比赛中集团争抢球的情况更多,体力消耗大;且来自北半球的橄榄球运动员可能不适应炎热高温气候。

因此,当热应力指数超过 150 时,应采取以下比赛日干预措施:若更衣室空调设备不足,应提供电风扇以降温;若比赛在白天进行,且辐射热成为热病的一个因素,应在边线附近提供遮阳设备;将毛巾浸没于冰水中,并放在场地周围合适的位置,如球门后面和赛场横线与边线相交的地方,以便运动员随时取用降温;在每个半场进行到 20 分钟时,应安排 2 分钟的休息时间,这段时间应重点关注三个方面:对每名运动员进行热应力迹象的医学评估、冷却运动员身体以及补水。建议通过立即去除运动衫和护肩,将冰水应用于头部和身体来实现快速冷却，同时利用边线处的风扇和遮光物（如果白天比赛）来辅助降温。需要指出的是，建议休息时间为 2 分钟而非 1 分钟，因为这段时间的重点主要是医疗评估和冷却身体。此外，不建议增加送水员进入赛场，因为在比赛过程中已有足够的休息时间允许送水员进入赛场为运动员补水。

（五）训练指导原则

对于训练中的热应力管理，反复教育、恰当安排和适应性等原则同样至关重要。在训练过程中，由于更容易进行操作和控制，因此应当特别注重以下建议，尤其是在热应力指数达到或超过 150 的严重情况下。

（1）训练时间安排：训练计划应安排在一天中最合适的时间进行，这需要根据气象局的统计数据来确定，以避免高温时段。

（2）适应性训练：训练计划应设计为允许运动员逐渐适应炎热气温；逐渐增加运动员在日光下暴晒的时间，以提高其对热环境的耐受能力。

（3）健康状况监测：查明可能有病毒感染或身体形态消瘦的缘由，确保运动员处于良好的健康状态；注意热应激的早期迹象，如头晕、恶心、皮肤干热等，以便及时采取措施。

（4）休息与补水：每 15~20 分钟安排休息以补充液体，确保运动员体内水分充足；每 40 分钟安排 15 分钟的休息时间，允许球员休息、冷却、重新补水和免受辐射热（阳光直射）。

（5）训练衣着与装备：训练衣着应该重量轻、宽松，并允许汗液蒸发，以减少热阻和提高散热效率。

（6）冰与饮料提供：应该始终提供足够数量的冰，用于冷却运动员的身体和饮料；提供已知有助于快速吸收的低温饮料（低于 15 ℃），以促进水分和电解质的快速补充。在任何训练间歇的时间内，都要在阴凉的地方休息，避免阳光直射和高温环境。

（7）危机管理计划：每个训练和比赛的地方都应该有一个危机管理计划；这个计划应该及时反映出识别和立刻的全身冷却措施，以解决或减轻体温过高的问题。

七人制橄榄球比赛竞赛器材清单

表 1　七人制橄榄球比赛竞赛器材清单

序号	器材名称	数量	用途	要求
1	球	50	20 个球赛前训练,30 个比赛球	专业英式橄榄球比赛球
2	球门、球门包	2	—	高至少离地面 9 米,宽 5.6 米(内沿);横梁上沿到地面 3 米;球门柱直径 12~15 厘米,需用球门包包裹好
3	角旗旗杆、旗面、角旗包	2	场地标示	旗杆露出地面高度为 1.2 米,与地下连接处用弹簧;旗杆用专用旗杆包包裹好
4	对讲机及耳麦、充电器	60	各部门之间通讯联络	其中 10 套配专用腰带及耳麦,便于裁判在执法中于腰间佩戴
5	绝缘胶布	4	供对讲机标识使用	红、黄、蓝、绿色各 1 卷
6	比赛结束信号器	2	比赛结束信号汽笛	声响足以使主裁判及运动员、全场观众听到
7	数字式时钟	8	作为比赛官方时间分别挂在控制中心、记录台、出场准备区、检录区、热身场地、裁判员休息室、运动员休息室	数字时钟液晶显示屏数字高度应大于 5 厘米、所有钟时间必须调整同步到秒
8	计时秒表	6	助理记录员 1 个、计时员 1 个、助理计时员 1 个、换人裁判 3 个	—
9	工具箱	2	记录台及竞赛秘书处装文件物品用	—
10	板夹	6	供记录员(2 个)、换人裁判(3 个)记录比赛信息用	板夹为硬质塑料或木板,应附有夹子,比 A4 纸略大
11	球童服装及帽子	20	供捡球员穿着	颜色与送水员、医护人员服装颜色明显区别
12	送水员标识背心	8	供担任送水任务的球员穿着	两种颜色以示区别
13	随队医生标识背心	4	供随队医生穿着	与送水员标识背心颜色区别开,最好带有红“十”字标志
14	小凳子	20	供球童使用	—

表 1(续 1)

序号	器材名称	数量	用途	要求
15	冰桶或充气式游泳池	8	裁判员休息室 2 个、各运动员休息室 3 个，以供裁判员、运动员恢复体能使用	桶容积要能至少能让 10 个人将全部腿部浸入冰水中
16	电脑	1	竞赛秘书处使用	连接互联网、Office2007 以上
17	激光打印机	2	—	—
18	复印机	1	—	—
19	复印打印纸	4	—	—
20	塑料文件袋	20	—	—
21	U 盘及移动硬盘	3	—	U 盘(30 G)2 块;及 2 T 移动硬盘 1 块
22	电源插排	6	—	—
23	订书机	3	—	配订书针 5 盒
24	燕尾夹	30	—	三种大小规格各 10 个
25	黑色签字笔	3	—	—
26	白板笔	6	—	红黑蓝各 2 支
27	胶带	4	双面胶带 1 卷;透明胶带 1 卷;不透明胶带 2 卷	配透明胶布架
28	裁纸剪刀	2	裁纸刀和剪刀各 1 把	—
29	曲别针	2	—	
30	抽签工具	1	抽签用乒乓球 30 个及不透明容器	—
31	裁判手旗	8	—	—
32	成绩公告板	2	3 米×2 米喷绘制作及摆放架子或墙面等	KT 板
33	颁奖台	1	放奖杯	—
34	背景墙	2	采访及颁奖用	—
36	桌子	8	记录台 6 张;医疗 2 张	—
36	椅子	34	记录台 10 把;替补席 10×2 = 20 把;医疗 4 把	—
37	遮阳防雨棚或伞	10	四角帐篷	应有配重
38	网络	20 M	网络直播用	—
39	比分牌	2	显示比分及队名	—
40	显示大屏幕	2	比分播报软件(需具备倒计时功能)	—

表 1(续 2)

序号	器材名称	数量	用途	要求
41	音响设施	2	带支架及无线麦克	—
42	铅笔	2	—	—
43	橡皮	4	—	—
44	打气筒	2	—	—
45	气压表	2	—	—
46	指甲刀	2	—	—
47	雨披	500	—	—
48	摄像器材	4	仲裁录像	高清摄像机及三脚架
49	撞击垫	10	—	—
50	制冰机	2	大量制冰	—
51	笔记本电脑	2	记录台输入赛场信息	—

亚洲女子橄榄球锦标赛第一级别协会参赛协议（2019）

参赛协会名称

参赛协会协议

签名（主席/主管）

签名（证人）

协会名称（打印）　　　　协会名称（打印）

日期　　　　日期

亚洲橄榄球公司已执行协议

主管　　　　证人

姓名（打印）　　　　姓名（打印）

表 2　批准、登记表(球队管理)

<table>
<tr><td colspan="2">球队名称:</td><td colspan="3">亚洲女子橄榄球锦标赛第一级别</td><td colspan="2">2019 年</td></tr>
<tr><td colspan="7">此表必须在 × 年 × 月 × 日前将邮件发送至亚洲橄榄球协会</td></tr>
<tr><td>职务名称</td><td>姓名
(与护照一致)</td><td>阅读《世界橄榄球协会反兴奋剂手册》,并完成世界橄榄球协会反兴奋剂在线学习计划</td><td>获得世界橄榄球反腐败和博彩教育</td><td>阅读完整的团队成员同意书</td><td>阅读并了解《世界橄榄球协会条例》第 20 条(行为守则)</td><td>署名</td></tr>
<tr><td colspan="7">请列出所有随队人员的职务和姓名(请以大写字母填写)</td></tr>
<tr><td>领队</td><td></td><td></td><td></td><td></td><td></td><td></td></tr>
<tr><td>主教练</td><td></td><td></td><td></td><td></td><td></td><td></td></tr>
<tr><td>助理教练</td><td></td><td></td><td></td><td></td><td></td><td></td></tr>
<tr><td>理疗师或医疗师</td><td></td><td></td><td></td><td></td><td></td><td></td></tr>
<tr><td>医生</td><td></td><td></td><td></td><td></td><td></td><td></td></tr>
<tr><td>分析师</td><td></td><td></td><td></td><td></td><td></td><td></td></tr>
<tr><td colspan="2" rowspan="4">理疗师/医疗资料或资格证书:</td><td>姓名:</td><td colspan="2"></td><td colspan="2" rowspan="2">世界橄榄球理事会资格证书:</td></tr>
<tr><td>邮箱:</td><td colspan="2"></td></tr>
<tr><td>姓名:</td><td colspan="2"></td><td colspan="2" rowspan="2">世界橄榄球理事会资格证书:</td></tr>
<tr><td>邮箱:</td><td colspan="2"></td></tr>
<tr><td colspan="2" rowspan="3">确认以上资料已经被球队领队确认无误:</td><td>姓名:</td><td colspan="2"></td><td colspan="2"></td></tr>
<tr><td>邮箱:</td><td colspan="2"></td><td colspan="2"></td></tr>
<tr><td>签名:</td><td colspan="2"></td><td colspan="2"></td></tr>
</table>

表 3　批准、登记表(球员)

球队名称：			亚洲女子橄榄球锦标赛第一级别			2019 年	
此表必须在 × 年 × 月 × 日前将邮件发送至亚洲橄榄球协会							
	名字 (与护照一致)	姓氏 (与护照一致) 请以 captial letters 字体填写	阅读并遵守世界橄榄球理事会文件 8 的内容（参赛资格）	协会提供全部复印件或提供全队同意书	接受世界橄榄球反腐败和博彩教育	阅读《世界橄榄球协会反兴奋剂手册》，并完成世界橄榄球协会反兴奋剂在线学习计划	球员签名
1							
2							
3							
4							
5							
6							
7							
8							
9							
10							
11							
12							
13							
14							
15							

表 3(续 1)

球队名称：			亚洲女子橄榄球锦标赛第一级别		2019 年		
此表必须在 × 年 × 月 × 日前将邮件发送至亚洲橄榄球协会							
	名字（与护照一致）	姓氏（与护照一致）请以 captial letters 字体填写	阅读并遵守世界橄榄球理事会文件 8 的内容（参赛资格）	协会提供全部复印件或提供全队同意书	接受世界橄榄球反腐败和博彩教育	阅读《世界橄榄球协会反兴奋剂手册》，并完成世界橄榄球协会反兴奋剂在线学习计划	球员签名
16							
17							
18							
19							
20							
21							
22							
23							
24							
25							
26							
27							
28							
29							
30							
31							
32							

表 3(续 2)

<table>
<tr><td>球队名称:</td><td colspan="2">亚洲女子橄榄球锦标赛第一级别</td><td>2019 年</td></tr>
<tr><td colspan="4">此表必须在 × 年 × 月 × 日前将邮件发送至亚洲橄榄球协会</td></tr>
<tr><td colspan="2">负责人确认以上信息准确无误,并签名:
(提交护照复印件)</td><td colspan="2">领队签名</td></tr>
<tr><td colspan="2">队医保证书:我已经检查了队里所有的球员每个球员在精神上、身体上和性格上都适合参加此次亚洲橄榄球锦标赛</td><td colspan="2">队医签名</td></tr>
<tr><td colspan="2">领队保证书:已收集样本调查表、心脏病史调查问卷、其他医疗信息,检查并确认无误</td><td colspan="2">领队签名</td></tr>
</table>

表 4　球队信息登记表

<table>
<tr><td colspan="2" rowspan="3">球队信息
</td><td colspan="4">球队名称：</td><td colspan="2" rowspan="3"></td></tr>
<tr><td colspan="4">2019 年亚洲女子橄榄球锦标赛第一级别</td></tr>
<tr><td colspan="4">此表必须在 × 年 × 月 × 日前将邮件发送至亚洲橄榄球协会</td></tr>
<tr><td>球员</td><td>姓氏(媒体所知晓)</td><td>名字</td><td>护照号码</td><td>出生日期</td><td>身高/cm</td><td>体重/kg</td><td>所属俱乐部</td></tr>
<tr><td>1</td><td></td><td></td><td></td><td></td><td></td><td></td><td></td></tr>
<tr><td>2</td><td></td><td></td><td></td><td></td><td></td><td></td><td></td></tr>
<tr><td>3</td><td></td><td></td><td></td><td></td><td></td><td></td><td></td></tr>
<tr><td>4</td><td></td><td></td><td></td><td></td><td></td><td></td><td></td></tr>
<tr><td>5</td><td></td><td></td><td></td><td></td><td></td><td></td><td></td></tr>
<tr><td>6</td><td></td><td></td><td></td><td></td><td></td><td></td><td></td></tr>
<tr><td>7</td><td></td><td></td><td></td><td></td><td></td><td></td><td></td></tr>
<tr><td>8</td><td></td><td></td><td></td><td></td><td></td><td></td><td></td></tr>
<tr><td>9</td><td></td><td></td><td></td><td></td><td></td><td></td><td></td></tr>
<tr><td>10</td><td></td><td></td><td></td><td></td><td></td><td></td><td></td></tr>
<tr><td>11</td><td></td><td></td><td></td><td></td><td></td><td></td><td></td></tr>
<tr><td>12</td><td></td><td></td><td></td><td></td><td></td><td></td><td></td></tr>
<tr><td>13</td><td></td><td></td><td></td><td></td><td></td><td></td><td></td></tr>
<tr><td>14</td><td></td><td></td><td></td><td></td><td></td><td></td><td></td></tr>
<tr><td>15</td><td></td><td></td><td></td><td></td><td></td><td></td><td></td></tr>
<tr><td>16</td><td></td><td></td><td></td><td></td><td></td><td></td><td></td></tr>
<tr><td>17</td><td></td><td></td><td></td><td></td><td></td><td></td><td></td></tr>
<tr><td>18</td><td></td><td></td><td></td><td></td><td></td><td></td><td></td></tr>
<tr><td>19</td><td></td><td></td><td></td><td></td><td></td><td></td><td></td></tr>
<tr><td>20</td><td></td><td></td><td></td><td></td><td></td><td></td><td></td></tr>
<tr><td>21</td><td></td><td></td><td></td><td></td><td></td><td></td><td></td></tr>
<tr><td>22</td><td></td><td></td><td></td><td></td><td></td><td></td><td></td></tr>
<tr><td>23</td><td></td><td></td><td></td><td></td><td></td><td></td><td></td></tr>
<tr><td>24</td><td></td><td></td><td></td><td></td><td></td><td></td><td></td></tr>
<tr><td>25</td><td></td><td></td><td></td><td></td><td></td><td></td><td></td></tr>
<tr><td>26</td><td></td><td></td><td></td><td></td><td></td><td></td><td></td></tr>
<tr><td colspan="8">以上所有球员确认均有资格代表该协会参赛，依照《世界橄榄球协会条例》，和世界橄榄球理事会关于此次比赛的资格要求</td></tr>
</table>

表 4(续)

请列出所有随队管理人员的职务和姓名						
领队							
主教练							
医疗							
助理教练							
队医							
分析师							
日期:		提交人:		职务:			

表 5　球队信息表(亚洲橄榄球协会)

球队名称:		客队名称:	
地点:		日期:	
球衣号码	场上位置	名字（小写）	姓氏（大写）
1	松头支柱（前排）		
2	勾球手员(前排)		
3	紧头支柱（前排）		
4	锚锁前锋		
5	锚锁前锋		
6	侧翼前锋		
7	侧翼前锋		
8	8 号球员		
9	传锋		
10	接锋		
11	右边锋		
12	正锋		
13	正锋		
14	左边锋		
15	最后卫		

表 5(续)

替补球员			
球衣号码	场上位置	名字（小写）	姓氏（大写）
16	替补（前排）		
17	替补（前排）		
18	替补（前排）		
19	替补		
20.	替补		
21.	替补		
22.	替补		
23.	替补		

注意:队长需要在相应的位置后标注(C).

注意:队中有 6 名前排球员，请明确前排球员的位置（紧头支柱、松头支柱或勾球手）

此表需领队签字后在比赛开球前 72 小时前传送或者邮件发送至赛会

领队：	日期：

表 6　纪律条款

经过必要的调查，我保证所有被提名参加比赛的球员都无以下约束：

1. 任何明显的违法行为/或暴行 /或不当行为

2. 任何以上行为所引起的法律诉讼

3. 任何违纪行为或上述行为所造成的停赛

4. 如果参赛协会不能提供此证明,则参赛协会应将原因告知赛事总监,亚洲橄榄球协会将采取适当行动

参赛协会：	
参赛协会代表：	
职务：	
签名：	
日期：	

表 7　十八岁及以下球员资格要求

<table>
<tr><td colspan="2">以下签名必须递交亚洲榄球协会</td></tr>
<tr><td colspan="2">十八岁及以下位置（除了在十五人制橄榄球比赛的前排）</td></tr>
<tr><td>球员姓名（正楷）</td><td>协会</td></tr>
<tr><td>球员位置</td><td>出生日期</td></tr>
<tr><td colspan="2">球员协议</td></tr>
<tr><td colspan="2">我同意参加成人精英级别比赛，但不担任前排球员 并且也不能接受与比我更强壮、身体更发达的成年人一起比赛的任何相关风险</td></tr>
<tr><td>球员姓名（正楷）</td><td>球员签名</td></tr>
<tr><td colspan="2">父母/监护人</td></tr>
<tr><td colspan="2">我同意我的子女参加成人精英级别比赛，但不担任前排球员 并且也不能接受与比我更强壮、身体更发达的成年人一起比赛的任何相关风险</td></tr>
<tr><td>父母或监护人姓名(正楷)</td><td>父母或监护人签名</td></tr>
<tr><td colspan="2">医生</td></tr>
<tr><td colspan="2">关于该球员，我以医生的角度确认其符合精英成人橄榄球的身体条件,但不是在前排,这种观点是被肌肉-骨骼评估和其他适当的评估支持的</td></tr>
<tr><td>医生姓名（正楷）</td><td>医生签名</td></tr>
<tr><td colspan="2">医务监督</td></tr>
<tr><td colspan="2">关于该球员，作为医疗监督我同意其被协会雇佣或训练,并且其符合精英成人橄榄球的身体条件,但不是在前排,这种观点是被肌肉-骨骼(musculo-skeletal)评估和其他适当的评估支持的</td></tr>
<tr><td>医务监督姓名（正楷）</td><td>医务监督签名</td></tr>
<tr><td colspan="2">队伍教练</td></tr>
<tr><td colspan="2">关于该球员，作为教练，有适当的身体素质要求的理解和风险的精英成人英式橄榄球,该球员有必要的技能和经验,以发挥精英成人英式橄榄球,但不是在前排</td></tr>
<tr><td>队伍教练名字（正楷）</td><td>队伍教练签名</td></tr>
<tr><td colspan="2">其他</td></tr>
<tr><td colspan="2">球员所在协会或当地法院可能要求的其他同意或确认(如有)</td></tr>
<tr><td>姓名及职务（正楷）</td><td>签名</td></tr>
</table>

表 8　十九岁及以下球员资格要求

以下签名必须递交亚洲榄球协会	
十九岁及以下前排球员	
球员姓名（正楷）	协会
球员位置	出生日期
球员协议	
我同意参加成人精英级别比赛，但不担任前排球员 并且也不能接受与比我更强壮、身体更发达的成年人一起比赛的任何相关风险	
球员姓名（正楷）	球员签名
父母/监护人	
父母或监护人同意	
父母或监护人姓名(正楷)	父母或监护人签名
医生	
关于该球员，我以医生的角度确认其符合精英成人橄榄球的身体条件，但不是在前排，这种观点是被肌肉-骨骼(musculo-skeletal)评估和其他适当的评估支持的	
医生姓名（正楷）	医生签名
医务监督	
关于这个球员，作为医疗监督我同意其被协会雇佣或训练，并且其符合精英成人橄榄球的身体条件，这种观点是被肌肉-骨骼(musculo-skeletal)评估和其他适当的评估支持的	
医务监督姓名（正楷）	医务监督签名
队伍教练	
关于该球员，作为教练，有适当的身体素质要求的理解和风险的精英成人英式橄榄球，该球员有必要的技能和经验以胜任精英成人英式橄榄球	
队伍教练名字（正楷）	队伍教练签名
其他	
球员所在协会或当地法院可能要求的其他同意或确认(如有)	
姓名及职务（正楷）	签名

表 9　犯规球员报告

球员协会				球员号码			
球员全名							
犯规地点				事件日期			
比赛结果			分				分

犯规详情

□	球员不得做任何对他人鲁莽或危险的事情	□	司克兰中的危险比赛
□	球员不许在身体上凌辱任何人 □咬伤 □用肘部撞击 □故意接触眼部 □用肩膀撞击 □无意接触眼部 □用头部撞击 □基础眼部周围 □用膝盖撞击 □用手或手臂殴打 ☞践踏(包括硬臂扑搂) □绊倒　　　　□踢	□	拉克或冒尔中的危险比赛 □球员不得向拉克或冒尔中冲撞 □球员与对手接触时不得超过肩部以上 □球员不得故意让拉克或冒尔崩塌
		□	球员不得故意冲阻或阻碍刚踢完球的对方球员
□	球员不许在语言上凌辱任何人	□	球员不得做出违反体育精神的任何行为 □抓头发 □向别人吐口水 □抓、拧、勒生殖器(和/或女性球员的胸部) □其他(请指出)
□	球员不得过早、过迟或危险地扑搂对手,危险的扑搂包括但不限于,扑搂或企图扑搂对手的肩部以上,即使扑搂是从肩部以下开始的		
□	球员不得扑搂没有控球权的对手	□	球员不得不尊重比赛官员的权威
□	除了司克兰、拉克或冒尔之外,任何没有控球的球员都不得捉、推、冲阻或阻挡对方控球	□	球员不得语言上凌辱比赛官员
		□	球员不得与比赛官员进行身体冲撞
□	球员不得冲阻或冲撞对方持球员,而不试图抓住该球员	□	球员不得对比赛官员展示威胁性动作或语言
□	球员不得扑搂、冲阻、拉、推或抓双脚离地的对手	□	球员不得身体上凌辱比赛官员
□	球员不得将对手从地面抬起并摔落或推撞对手,使其头部和/或上半身与地面接触		

时间(事件发生地点比赛时间)		上半场		下半场		加时赛		中场休息时间	
			距离						
比赛分数				分				分	

表 10　犯规球员报告

请将详细情况写在下面

报告人		日期	

《世界橄榄球协会条例》第 17 条

序　言

A. 本条例的基本原理是为了保证和提升公平竞赛,保护球员的健康与福利,确保暴行能够以独立、快速且准确的方式被处理,从而保障比赛的场面和声誉不受负面影响。

B. 本条例为各个级别的比赛在纪律管理和暴行处罚方面提供了统一的方法。其目的在于实现纪律管理方式的一致性,以及在对暴行严重性进行评估和处罚方式上的一致性。本条例的根本目标是确保纪律处分程序遵循自然公正原则。

C. 本条例以国际比赛管理机构的立场为起草依据。鉴于国际体育的金字塔结构,各协会在其管辖范围内实施和执行本条例时,可能需要根据其比赛和国内结构进行适当调整,以确保符合国家立法。

D. 所有参赛球员通过参与比赛即表示承认并同意受本条例的约束。这包括一项普遍性的核心原则,即在任一级别的比赛中被停赛的球员,其停赛决定应在各联盟和协会所辖的全部级别比赛中得到承认与执行。世界橄榄球协会(以下简称世橄协)已确定了其他几个在执行暴行纪律规则时,各联盟与协会在其全部级别比赛中都必须遵守的核心原则。

17.1　核 心 原 则

17.1.1　以下所列原则应作为“核心原则”,在所有级别的纪律条例中强制适用:

(a) 整个比赛过程中对于暴行适用的处罚应该是相同的。因此,各联盟与协会均应采用一致地针对比赛场地内犯规的处罚细则,并确保该细则在其管辖范围内得到一致实施。

(b) 所有的比赛都是平等的。一名在停赛期内的球员应被禁止参加任何级别的比赛。

(c) 本条例 17.19 的核心处罚程序应适用于各级别比赛中所有涉及暴行的纪律案件。

(d) 所有纪律处罚程序均需遵守自然公正原则[自然公正原则:是英国行政法上支配行政机关活动的程序原则,包括两个基本规则:(1)任何人或团体在行使权力可能使他人受到不利影响时,必须听取对方意见;(2)任何人或团体不能作为自己案件的法官]。这些原则意味着,被传唤或勒令退赛的球员有权了解对他们不利的证据,有权发表意见,有权委托代表,有权出示证据,并且有权在独立仲裁面前为自己辩护。

(e) 所有审判员、纪律委员会成员、上诉官员、上诉委员会成员以及传讯专员都应符合条例 17 所规定的委任标准,并被独立任命;这些人员应独立于比赛和(或)纪律处罚程序的各方,独立于其管辖范围内负责相关比赛的各联盟、协会和橄榄球机构行使职能;并且不得在任何涉及相关赛事和(或)相关程序的联盟、协会和橄榄球团体中发挥立法作用。

(f) 应为条例 17.3.2 和 17.3.3 所列的全部国际比赛任命赛事监督和(或)赛事监督联络官。对于所有其他比赛,或在依据条例 17.8.6 获得豁免的情况下,应允许符合条例 17.11 的球队推荐人员担任赛事监督和(或)赛事监督联络官。

(g) 传讯的极限检验(红牌检验)应遵循条例 17.9.1 的规定。

(h) 除条例 17.8.6 规定的范围外,应严格遵守勒令退赛、传讯和召开听证会的时间表。

(i) 勒令退赛和传讯的证据标准应符合条例 17.17.1 至 17.17.4 的规定。

(j) 所有国际比赛、国际巡回赛、国际系列赛都应采用符合条例 17.25 的临时停赛(黄牌)政策。

(k) 被勒令退赛或被赛事监督传唤的球员应在听证会召开前被临时停赛。

(l) 根据条例 17.24.3 的规定,提出上诉的被停赛球员应继续执行停赛。

(m) 各联盟、比赛组织者和世橄协有权根据条例 17.22.2(a)、(b)、(c)的规定提出上诉。

(n) 认识到各联盟、协会及其认可的赛事组织者可能因实际原因而希望偏离条例 17 中某些不涉及核心原则的规定,因此在某些情况下,他们享有这样做的灵活性。但是,任何联盟、协会和(或)其认可的赛事组织者都不得在其纪律规定中引入(或省略)任何与条例 17 的核心原则、普遍性原则和(或)比赛规则相抵触(或未正确实施)的规定和程序。

17.2 条例的应用

17.2.1 所有联盟、协会及其认可的赛事组织者均有义务在其管辖范围内将纪律条例落实到位,并在其比赛中切实贯彻核心原则。

17.2.2 核心原则应适用于各联盟、协会及其认可的赛事组织者所辖范围(包括各级别)。其余规定为强制性的指导原则,允许各机构在制定规章时享有一定的灵活性。此外,联盟和协会还有责任:

(a) 向所辖球员、个人和橄榄球团体通报本条例,以及他们应遵守的义务;

(b) 制定与条例 17 相兼容且不冲突的纪律条例,体现核心价值,并确保这些纪律条例适用于其管辖范围内的所有橄榄球机构,并由这些机构执行。

17.2.3 十五人制、七人制或其他形式的比赛参与者均受条例 17 的约束。

17.2.4 如任何联盟或协会不遵守或不适当地实施本条例,世界橄榄球协会可采取其认为在当时情况下合理且适当的行动,以协助该联盟或协会解决问题。如橄榄球机构未能妥善执行本条例,纪律官员或世界橄榄球协会可要求相关协会进行适当的调查,和(或)启动相关程序,以补救相关事宜。无论如何,世界橄榄球协会均有权确保条例 17 在比赛中的正确实施。

17.3 比赛类别

17.3.1 条例 17.3 所列比赛均应遵守条例 17 的其他规定,即使其有主办团体。

17.3.2 就本条例而言,国际比赛、国际巡回赛、国际锦标赛或国际系列赛还包括:

(a)所有涉及太平洋岛国联合队的比赛;

(b)所有涉及不列颠和爱尔兰雄狮队的比赛;

(c)所有涉及高级或次高级国家代表队,或七人制高级国家代表队的比赛,包括在国际巡回赛、国际锦标赛或国际系列赛中对阵非国家代表队的比赛。

17.3.3 世橄协的比赛:指在世界橄榄球协会直接管理下的国际比赛、国际锦标赛和系列赛,包括但不限于橄榄球世界杯、七人制橄榄球世界杯、女子橄榄球世界杯、世界橄榄球锦标赛、世界七人制橄榄球系列赛、世界七人制锦标赛、奥运会七人制橄榄球资格赛、奥运会七人制橄榄球比赛,以及世界橄榄球协会不时指定的其他比赛。

17.3.4 非国际比赛:符合条例 17.3.1 的规定,且未任命赛事监督的情况下,所有不属于国际巡回赛、国际锦标赛或国际系列赛的比赛,均适用条例 17.11 所列程序。

17.4 责任与合规

17.4.1 不受世橄协直接控制的国际比赛、国际巡回赛和国际系列赛:

(a) 所有参加此类比赛的球队应视情况签订比赛协议(针对非国际巡回赛的国际比赛),并受该协议约束。

(b) 比赛协议应规定主办协会(或经所有参赛协会认可的赛事组织方)负责执行条例 17 中除 17.5 规定外的其他纪律处分程序,并为此任命相关工作人员。条例 17 中允许自由裁量的细节(例如关于追加处罚和/或听证会的时间框架)应在比赛协议中予以明确。

(c) 如果各协会无法就比赛中的纪律处分安排达成一致,那么他们应将该案件提交给世界橄榄球协会的纪律官员,由纪律官员决定纪律处分的安排。

17.4.2 世橄协的比赛:

(a)条例 17 的规定可以进行修改和/或增加程序与规定,并被世橄协指定的比赛组织者或其他机构所采用。

(b)世橄协应依据条例 17 和 18 的规定,为所有世橄协的比赛任命相关工作人员。

17.4.3 国际锦标赛和跨国比赛:

(a) 就国际锦标赛而言,纪律裁判组和赛事监督的任命及管理可由相关协会授权给采用符合本条例的纪律规定的比赛组织者。

(b) 主办协会或合适的赛事组织者应负责为符合本条例规定的国际锦标赛或跨国比赛执行纪律处分程序,并任命相关纪律裁判组和赛事监督。

(c) 主办协会或合适的赛事组织者还应与各参赛球队签订协议,以确保各球队及其协会或橄榄球团体承认并同意符合条例 17 且适用于该项赛事的纪律规定。

17.4.4　非国际比赛：

根据条例 17.4.1～17.4.3 的规定，比赛的责任应由比赛承办地所属协会承担，同时该协会负责确保遵守条例 17。

17.4.5　如果纪律官员（或其所提名的人）认为一个联盟或协会没有实施，或因特殊情况无法实施符合本条例的纪律处分规定和程序，那么他可以代表世橄协对相关协会做出纪律处分。

17.4.6　所有联盟、协会和赛事组织者都应按要求向世橄协提供他们的纪律规定和纪律处分程序。

17.4.7　各办事协会或比赛组织者应按要求，将所有纪律处分的裁决提供给世橄协，并且对于构成国际巡回赛一部分的比赛和其他国际比赛的全部裁决，都应立即以书面形式提供给世橄协，以纳入世橄协的司法数据库。

17.5　择优任用计划

17.5.1　择优任用计划由理事会提出，并以此来允许世橄协基于唯才是举的原则在指定比赛中独立任命赛事监督、仲裁、纪律委员会、上诉官员和上诉委员会。以下比赛构成择优任用计划的一部分：

（a）世橄协的比赛；

（b）在组成六国赛和四国赛的协会之间跨半球的夏秋季国际比赛；

（c）经申请后，获得世橄协许可，成为该项计划组成部分的任一比赛。

17.5.2　凡世橄协根据这项计划做出的委任中涉及本条例内主办方委任的都应视为世橄协本身所为。

17.6　条例 17 的适用范围

17.6.1　条例 17 所列程序旨在处理以下纪律事项：

（a）当球员被责令离场（被出示红牌）时；

（b）当球员因暴力行为而被传讯（涉及追加处罚）时；

（c）依据条例 17.25 的规定，当一名球员累计三次被暂时停赛（即累计黄牌）时。

17.7　定义——勒令退赛、临时停赛和暴行

17.7.1　当一名球员被裁判员永久驱离比赛场地，且不得再参与该场比赛时，即被视

为被勒令退赛。

17.7.2　当一名球员被裁判警告，并需临时离开比赛场地接受 10 分钟比赛净时的处罚(即在受罚席上度过 10 分钟)时，即被视为临时停赛。

17.7.3　就《世界橄榄球协会条例》第 17 条而言，“暴行”指的是违反以下比赛规则的行为。2020 年版本中的规则 10(现新规则中可能有所调整或对应为其他编号，但此处仍按原述)、规则 3.11(C)(在新规则中对应为 3.25 和 3.26)或规则 4.5(C)(在新规则中对应为 4.7)。

17.8　传　　讯

17.8.1　传讯程序始于赛事监督依据《世界橄榄球协会条例》17.9.1 的规定，对球员的暴行行为进行传讯。

17.8.2　所有国际比赛、国际巡回赛中的比赛、国际锦标赛以及世橄协旗下的比赛，均应委任符合条例 17.13.1(A)要求的赛事监督。

17.8.3　其他比赛在条件允许的情况下，应任命赛事监督。若条件不允许，且事先已征得参赛协会和橄榄球团体的同意，可以不委任举证专员。在此情况下，应依据条例 17.11 的相关规定处理暴行传讯。

17.8.4　协会应努力在其国内比赛中设立赛事监督这一角色。

17.8.5　世橄协的 CEO(或其提名人)有权审查协会关于传讯的相关政策，并考虑在协会的控制下，任命赛事监督参加指定比赛是否合理且可行。

17.8.6　在国际比赛、国际巡回赛和/或国际锦标赛或世界系列赛中，若因资源问题和/或没有合适的合格人选而无法任命赛事监督时，主办协会应在国际比赛或国际系列赛预定开始前至少 21 天，向世橄协 CEO 提出申请。获得世橄协批准后，主办协会应遵循条例 17.12 所列程序执行。

17.9　已任命赛事监督的比赛

17.9.1　赛事监督有权传讯在其看来做出了需要被勒令退赛的暴行行为的球员。

17.9.2　赛事监督可以传讯涉嫌实施暴行的球员，该球员的行为可能已被裁判或助理裁判发现，并成为裁判员主要处理的对象。但赛事监督不得传讯因暴行已被勒令退赛的球员，除非是因两黄变一红的情况。在此情况下，球员可能因一张或两张因暴行所得的黄牌而被传讯。

17.9.3　赛事监督有权警告在其看来已实施暴行行为的球员，即使该暴行行为既未导致黄牌也未导致红牌。

17.9.4　赛事监督可以在球员得到黄牌后对其进行传讯。这种传讯可以针对球员被临时停赛或其他原因引起的案件。

17.9.5　赛事监督应独立于纪律委员会、仲裁机构、比赛裁判以及其他赛事监督行事。

17.9.6　赛事监督应出席其被委派的比赛。若赛事监督无法出席,应有资质且经验丰富的传讯联络官出席,并基于可用时间表向赛事监督提供协助其履行职责所需的相关信息及备份。

17.10　参赛协会向赛事监督举发

17.10.1　在已指定赛事监督的情况下,协会或其附属机构所管理的任何参赛队均无权直接传讯实施暴行的球员。但参赛队可以向赛事监督提交任何涉嫌实施暴行的案件,由赛事监督做出决定。此类举报案件通常应在比赛结束后 12 小时内提交给赛事监督。

17.10.2　无论是基于提交给赛事监督的举报案件还是其他任何原因,赛事监督关于球员是否应被追加处罚的决定均应为最终决定。

17.11　没有委任赛事监督的比赛

17.11.1　依据条例 17.8.3 或 17.8.6 的规定,对于没有合适人选担任赛事监督的比赛,适用以下条款:

(a) 各参赛球队,或其授权机构,或其所属协会,可以传讯以下球员:

(Ⅰ) 裁判未发现的在比赛中实施暴行的球员;

(Ⅱ) 同一场比赛中涉嫌多次暴行的球员;

(Ⅲ) 任一比赛中多名涉嫌暴行的球员。

(b) 协会和比赛组织者应依据以下条款落实球队追加处罚程序:

(Ⅰ) 球队或其所属协会的传讯应以书面形式,由协会授权的成员或球队管理层送达主办方任命的专门处理传讯案件的赛事官员手中;

(Ⅱ) 此类传讯必须在比赛结束后 48 小时内做出;

(Ⅲ) 获取与传讯有关的信息和报告的责任应由发起控告的协会或球队管理层承担。该协会或球队管理层应与主办方(或其指定官员)保持联络,以确保相关信息和报告在听证会前送达相关各方;

(Ⅳ) 对比赛有管辖权的主办方独立纪律机构应考虑传讯材料和其认为适当的任何其他证据,包括通过电视手段、口头(证人)、摄像获取的证据。被传讯球员有权进行陈述、辩护以及出示相关证据;

(Ⅴ) 传讯的球队或协会必须有一名代表出席听证会,否则控告将被驳回。如果暴行已被认定,对比赛有管辖权的协会或赛事组织者的纪律机构应采取适当措施,并应遵循条例 17.19 中的核心处罚原则,适用附录 1 中所列的世橄协针对暴行的处罚标准。

17.11.2　在等待听证会期间,被传讯的球员不应被临时停赛。

17.12 赛事监督与临时停赛安排的通知

17.12.1 赛事主办方有责任在国际比赛(无论这些比赛是否属于国际巡回赛、国际锦标赛或国际系列赛的一部分)开始前 28 天,通知纪律官员或其指定的其他官员以下信息:

(a) 各个被委任的赛事监督的身份,以及如果有多场比赛,需明确每位赛事监督所负责的具体场次;

(b) 若国际巡回赛、国际锦标赛或国际系列赛中包含任何非国际比赛场次,这些场次也应安排赛事监督,并需告知专员的身份;

(c) 临时停赛政策将依据条例 17.25 的内容执行;

(d) 球队举报、传唤,以及举行暴行听证会的时间线将适用于国际比赛的追加处罚流程。

17.13 纪律机构和仲裁

17.13.1 所有国际比赛、国际巡回赛、国际锦标赛和国际系列赛以及世橄协旗下比赛的主办方,在遵守前述 17.8.6 条款的前提下,应通过独立程序任命以下人员和纪律机构:

(a) 独立赛事监督:

(Ⅰ)赛事监督应来自第三方中立协会,除非参赛协会和/或参赛球队同意其他安排。

(Ⅱ)赛事监督应对规则和比赛技术有深入了解,并具备适当的橄榄球经历。依据条例 20 的规定,赛事监督可以担任指定的纪律人员。

(b) 赛事监督联络官:

(Ⅰ)赛事监督联络官的职责是按照赛事监督的指示与其联络并提供协助。

(Ⅱ)如果赛事监督不能出席其被指定的场次,代替其列席的联络官必须满足条例 17.9.5 中规定的最低标准。依据条例 20 的规定,赛事监督联络官可以担任指定的纪律人员。

(c) 独立纪律委员会或仲裁:

(Ⅰ)仲裁或纪律委员会应由三名委任成员组成。

(Ⅱ)纪律委员会或仲裁应有权裁定由临时停赛、勒令退赛和传讯所引起的纪律问题。

(Ⅲ)除非参赛协会和/或参赛球队以书面形式同意,否则纪律委员会成员和仲裁都应来自中立协会。

(Ⅳ)纪律委员会主席或仲裁应为具有至少七年资历的高级执业律师或在职/退休的法官,同时熟悉橄榄球纪律仲裁程序并对比赛有深入了解。

(Ⅴ)纪律委员会的其余两名成员由赛事主办方任命,应包括一名著名的退役球员、有经验的橄榄球管理人员和(或)一名熟悉橄榄球纪律诉讼程序且具有合法资格的人士。

17.13.2

(a) 如果需要,赛事主办方应通过独立程序任命一个由三名独立成员组成的上诉委员会或一名独立上诉官员,以处理针对纪律委员会或仲裁所做决定的上诉。

(b) 上诉委员会主席或上诉官员须为在职或退休法官或拥有十年资历的高级执业律师,同时熟悉橄榄球纪律仲裁程序并对比赛有深入了解。

(Ⅰ)除非参赛协会和(或)参赛球队以书面形式同意,否则上诉委员会的成员或上诉官员都应来自中立协会。

(Ⅱ)在合适条件下,被任命为上诉委员会另外两名成员的人士可包括知名的退役球员、经验丰富的橄榄球管理人员、熟悉橄榄球纪律诉讼程序的合格人士或其他合适的有资格人士。

17.13.3 联盟、协会或赛事组织者或其他负责管理参赛球队的附属机构的成员或雇员不得担任赛事监督、仲裁、纪律委员会成员或主席、上诉委员会成员或上诉官员。

17.14 初始程序——勒令退赛

17.14.1 比赛中如果出现红牌,裁判员应在比赛结束后2小时内,或如有必要在更长一点的时间内,向主办方指定官员提供纸质报告。裁判员书写报告时可能会使用表格1(详见本条例附录2)。

17.14.2 当一名球员因为助理裁判员的决定而被勒令退赛时,助理裁判员也需要在比赛结束后2小时内,或如有必要在更长一点的时间内,向主办方指定官员提供纸质报告。助理裁判员书写报告时可能会使用表格2(详见本条例附录2)。

17.14.3 裁判员和(或)助理裁判员关于球员被勒令退赛的报告应包含以下信息:

(a) 比赛日期、比赛场地和参赛队伍;

(b) 被出示红牌球员的姓名及其所在队伍;

(c) 球员被出示红牌前的比赛具体情况;

(d) 球员被出示红牌的具体原因;

(e) 其他裁判(或在合适位置上的助理裁判)认为可能相关的其他信息。

17.14.4 主办方指定官员应尽快将报告提供给将对该案件进行裁定的纪律委员会或仲裁机构。在没有任命该官员的情况下,主办方秘书将承担此责任。

17.14.5 主办方指定官员应在合理可行的情况下尽快向被出示红牌的球员提供裁判报告、助理裁判报告(如适用)以及其他相关证据的副本,并通知该球员:

(a) 纪律委员会或仲裁机构聆讯纪律程序的日期、地点及时间;

(b) 纪律委员会成员或仲裁人员的身份;

(c) 他将被要求出席听证会(纪律委员会或仲裁机构可酌情认可以电话或视听方式出席);

(d) 如果他不能出席听证会,应尽快通知主办方指定官员;

(e) 他有权传讯证人、提出意见,并由其协会或球队和/或法律顾问为其辩护;

(f) 在等待最终裁决期间,他无资格参加世界上任何地方的任何比赛,并被暂停参加所有比赛日的场上活动。

17.14.6　下发给因本条例被出示红牌的球员的通知应尽可能以书面形式送达。提供给该球员或球员的球队经理或球队教练的裁判报告、助理裁判报告(如必要)及任何其他有关证据的副本,连同本条例 17.14.5 所述内容的口头通知,都应充分符合本条例的规定。

17.14.7　在切实可行的前提下,涉及红牌的案件应在该场比赛结束后 48 小时内进行聆讯,最晚不得超过 72 小时。

17.15　初始程序——传讯与赛事监督警告

17.15.1　根据条例 17.15.3 和 17.5.4 的规定,赛事监督提出的传讯控告必须以书面形式,并且通常要在比赛结束后 12 小时至 48 小时内送达主办方委任的官员手中。如未任命该官员,则由主办方的秘书承担其职责。

17.15.2　依据条例 17.15,传讯控告将在以下情况被视为已送达:

(a) 在可以提供发送时间和确认发送通知的前提下,以传真或电子邮件的方式发送;

(b) 以其他形式传送,在被指定官员或主办方秘书接收时视为送达。

17.15.3　一名球员因以下原因而未在条例 17.15.1 所指的时间内被传讯:

(a) 认错球员;

(b) 所涉及的暴行案件性质复杂,需要进一步调查以识别被指控实施暴行的球员;

(c) 所涉及的暴行案件性质严重,需要进一步调查以确定暴行的全部性质和细节。那么随后纪律委员会、仲裁或主办方可延长传讯期,但任何此类延长都不得超过条例 17.15.1 所允许的最后日期之后的 12 天。

17.15.4　传讯控告通常应包含以下内容:

(a) 宣称的暴行发生的日期与地点;

(b) 被控告球员的姓名,以及宣称的暴行发生时该球员所效力球队的名称;

(c) 对手球队的名称;

(d) 宣称的暴行的具体细节,包括相关证据的简要描述。

17.15.5　所有被要求提供报告和(或)信息的人都必须在规定时限内提供,否则应向赛事监督申请更多时间。如果未能向赛事监督或其代理人提供相关报告和(或)信息,且没有合理解释,那么相关人士可能构成不当行为。

17.15.6　赛事监督或其代理人(可能是赛事监督联络官)必须获取其认为与所控告暴行相关的报告和信息。赛事监督应当将这些文件和摄像证据(如可能)提供给主办方,然后由主办方将这些资料以及传讯控告的副本转发给涉事球员和包括临场裁判在内的各方当事人。

17.15.7　主办方指定官员应尽快安排将涉及控告的报告与证据提供给涉事球员,以及将参与审理相关控告的纪律委员会成员或仲裁人员。相关球员应被告知,在等待结果期间,其无权参与全球任何一场比赛,同时也被禁止在比赛日进行场上活动。

17.15.8　传讯控告的审理通常应在相关比赛结束后 48 小时内进行,最迟不得超过比赛结束后 72 小时。

17.15.9　初始程序-赛事监督警告

(a) 赛事监督警告通常应在相关比赛结束后的 12 小时至 48 小时之间通知给主办方的指定官员。赛事监督警告通知应包含条例 17.15.4(A)-(D)的信息。书写通知时可能会用到表格 3(B)(详见附录 2)。

(b) 在接获赛事监督警告后，主办方的指定官员应将通知的副本转交给涉事球员、该球员的球队管理层和相关场次的比赛官员。

17.16　初始程序—协会的传讯

17.16.1　在没有委任赛事监督的情况下，协会传讯所用的相关程序应尽量符合条例 17.11 的规定。

17.17　勒令退赛和传讯的证明标准

17.17.1　本条例下所有事项的证明标准[①]都应基于或然性权衡[②]。

17.17.2　比赛规则 6.A.4(a)[2020 规则为 6.5(a)]的完整性，以及裁判员在比赛中作为事实和规则唯一认定人的地位，是不可动摇的。除《世界橄榄球协会条例》17.19.7 另有规定外，裁判员在赛场上所做出的决定及其带来的体育结果，不得被纪律委员会或仲裁的裁定所修改或推翻。赛事监督和(或)纪律委员会或仲裁主导的后续审查，其目的在于裁定已发生的如规则 10(新规则为规则 9)所列的暴行是否需要进行纪律处罚。

17.17.3　在勒令退赛之后的调查中，纪律委员会或仲裁的职能是审视案件情况，得出调查结果，并在必要时确定对该球员应实施何种处罚。被勒令退赛的球员可以寻求证明裁判的决定是错误的，而纪律委员会或仲裁则可依据条例 17.17.2 来审查裁判的决定及其他相关情况。除非纪律委员会或仲裁有充分证据表明裁判员做出了错误决定，否则他们不得做出与裁判员决定相反的裁决。

17.17.4

(a) 发生传讯控告后，纪律委员会或仲裁的职责是判定被控告球员是否实施了暴行。传讯控告只有在纪律委员会或仲裁有充足证据确认球员实施了暴行的情况下，才会得到支持。如果控告成立，那么在必要时，纪律委员会或仲裁应依据条例 17.19 来决定处罚方案。在确定处罚方案时，纪律委员会或仲裁可以考虑裁判在比赛期间针对暴行所采取的行动。

(b) 在传讯控告中，如没有赛事监督，那么纪律委员会或仲裁在考虑是否支持队伍的

---

① 证明标准：又称证明尺度、证明要求，是法官在诉讼中认定案件事实所要达到的证明程度。

② 或然性权衡：也称“盖然性占优”，英美法系中适用于民事诉讼的证明标准。当事人必须拿出足够的证据来支持其所主张的事实，审理者则以中立的态度审查认定证据，确认案件事实。

控告前,必须确认该暴行未被裁判员或(和)助理裁判员发现,并且所指称的暴行是否足够严重以至于需要被勒令退赛。如果他们认为所指称的暴行并未严重到需要被勒令退赛,那么控告将被驳回。

17.18　纪律委员会和(或)仲裁——权力与程序

17.18.1　条例 18 附录 1 中关于纪律委员会和仲裁召开听证会的一般程序,适用于根据本条例所产生的任何事宜。

17.18.2　球员被勒令退赛的当值裁判(若勒令退赛涉及助理裁判的介入,则助理裁判亦包含在内),除非获得纪律委员会或仲裁的特别许可,否则必须参加听证会,无论是出席还是以电话和(或)视频方式参加。本条例的任何条款均不得阻止纪律委员会或仲裁在裁判员和(或)助理裁判员缺席的情况下进行聆讯并做出裁决。

17.18.3　若纪律委员会或仲裁要求,赛事监督需出席听证会,无论是出席还是以电话和(或)视频方式参加,以提供证据和(或)进一步解释传讯过程中所依赖的事实材料。

17.18.4　在听证会前,纪律委员会或仲裁需确保涉事球员已获得裁判报告、助理裁判报告(如果有)、传讯报告以及其他信息、报告或证据,并已充分考虑过这些材料。

17.18.5　纪律委员会或仲裁允许作为证据的任何电子记录,最好在无背景音和解说的条件下播放。除非背景音或解说中包含了裁判通过麦克风对相关特定案件所给出的解释,或当事各方同意有声播放。

17.18.6　纪律委员会或仲裁可以指示主办方出席听证会。在此种情况下,主办方需派出代理律师或代理人,以纪律委员会或仲裁要求的方式协助其履行职责。

17.18.7　世橄协委派的纪律官员(或其代理人),或主办方委派的纪律官员(视具体情况而定),在其管辖范围内召开的听证会中,均为许可的代表。

17.18.8　在向纪律委员会或仲裁递交证据的环节,除纪律委员会或仲裁及其允许的人士外,不得对证人进行交叉提问。

17.18.9　若协会提出传讯控告,而当场比赛没有赛事监督,则该协会须有代表出席听证会,以陈述控告的依据并提交相关证据。如协会无人出席听证会,则控告将被驳回。

17.18.10　涉事球员应:

(a) 出席听证会,无论是出席还是通过其他技术手段出席;

(b) 可以随时承认针对其所指称的暴行。如有必要,在其承认后,纪律委员会或仲裁应立即开始听取关于对其进行处罚的证据和意见。

17.18.11　纪律委员会或仲裁应始终按照条例 17.17.4 的要求,首先确定所指称的暴行是否确实发生。在涉及勒令退赛的事宜中,纪律委员会或仲裁应首先明确其搜集到的符合条例 17.17.3 的事实调查结果。此后,将酌情重新召开会议,以听取和考虑与处罚相关的证据和意见。

17.19　处罚与核心处罚程序

17.19.1　当纪律委员会或仲裁认定暴行已经发生,即可根据条例 17.19 的规定对涉事球员进行处罚。处罚应依据附录 1 中的世橄协针对暴行的处罚标准来确定,并按照条例 17.19 的规定执行。

17.19.2　纪律委员会或仲裁应对涉事球员行为的严重性进行评估。评估时应参考以下特征:

(a) 犯规是不是故意的;

(b) 球员是否在犯规前明知(或应知)其行为有演变为暴行的风险,仍不计后果地实施该行为;

(c) 行为本身的严重性;

(d) 行为的性质,以及包括使用身体其他部位在内的犯规方式的性质(例如,拳头、肘、膝或球鞋);

(e) 挑衅行为的存在;

(f) 球员行为是否属于报复;

(g) 球员行为是不是出于自我防卫(是否使用合理的力度来保护自己);

(h) 球员行为对受害者造成的影响(例如,受伤程度,球员被移离比赛);

(i) 球员行为对比赛的影响;

(j) 受害球员的脆弱性,包括受害的身体部位、所处位置及自卫能力;

(k) 犯规参与度和预谋程度;

(l) 球员是否完成整个犯规行为,或想完成而未遂;

(m) 其他与犯规行为有关联的因素。

基于以上因素的评估,纪律委员会或仲裁应将犯规行为归类为附录 1 中的犯规严重程度量表低、中、高档中的某一档,并确认适当的切入点。

17.19.3　当犯规被界定为高档时,纪律委员会或仲裁应在附录 1 所示的高档处罚期限和最高处罚期限间确认一个适当的期限(高档处罚中的加号表示这种权力与灵活性)。

17.19.4　在确认合适处罚期限后,纪律委员会或仲裁应确认相关场外加重处罚因素,如果存在此类因素,还要决定追加额外的停赛期限。加重处罚因素包括:

(a) 相关涉事球员是累犯(纪律委员会或仲裁应将球员自 18 岁起参与橄榄球或其他体育项目的纪律记录纳入考虑范围,如发现该球员之前有被处罚的记录,应将这些记录作为加重处罚的因素);

(b) 需要威慑力来打击某一类犯规行为;

(c) 纪律委员会或仲裁认为相关的其他场外加重处罚因素。

17.19.5　此外,纪律委员会或仲裁还要根据条例 17.19.6~17.19.7 确认相关减轻处罚因素,以及是否有理由减轻处罚,如果有,又应该减少多少期限。从轻处罚因素包括:

(a) 涉事球员承认其过失或错误行为的时机;

(b) 涉事球员良好的纪律记录和(或)其良好的品德;

(c) 球员年纪轻及经验不足;

(d) 球员在听证会前与听证会中的行为举止;

(e) 球员对其行为表示懊悔,包括表现懊悔的时机;

(f) 其他纪律委员会或仲裁认可的减轻处罚因素。

17.19.6 按条例 17.19.7 和 17.19.8 的规定,纪律委员会或仲裁不能减少超过 50%的相应处罚期限。在评估减轻处罚比例时,纪律委员会应从 0 开始,酌情提升该比例至最多 50%。

17.19.7 当犯规按条例 17.19.2 被归类为低档时,且存在从轻处罚因素,或处罚完全不适用于所涉及的犯规类型和等级,纪律委员会或仲裁可以实施不足 50%的附录 1 所示的处罚,或不实施处罚。在特殊情况下,纪律委员会或仲裁认为有必要的话,可以从球员的纪律记录中删除勒令退场(红牌)的记录,或仅在黄牌给了未涉事球员时,从该球员纪律记录中删除裁判做出的临时停赛(黄牌)记录。

17.19.8 在多次犯规的情况下,纪律委员会或仲裁可同时或连续实施处罚,但条件是处罚总量与总体犯规的级别成比例。

17.19.9 纪律委员会或仲裁通常应在其书面处罚决定中说明其调查结果的理由,包括罪责的发现、如何参照条例 17.19.2 所列的特征将犯规行为的严重性进行归类、如何确定和应用任何加重或减轻处罚的因素,并得出相应的制裁结论。

17.19.10 基于条例 17 做出的对涉事球员进行处罚与停赛决定应:

(a) 普遍适用于各联盟、协会、橄榄球机构及它们的附属机构,以使得涉事球员在停赛期不会参加比赛(或其中的任何橄榄球活动)或比赛日的场上活动;

(b) 不允许球员避开其行为所造成的全部后果,比如通过在停赛开始前参加比赛,或在停赛暂停期间参加比赛和(或)在不重要的季前赛或所谓的友谊赛中出场;

(c) 在球员计划参加比赛时被应用;

(d) 在一个考虑过所有停赛后果后确定的解禁日前都是有效的;

(e) 立刻生效[依据条例 17.19.11(B)]。

17.19.11 在依据条例 17 对球员做出处罚时,纪律委员会或仲裁应服从上述 17.19.10 的要求。做出处罚的纪律委员会或仲裁:

(a) 不得中止处罚的效力;

(b) 在停赛开始前球员未被安排比赛(以及不允许参加比赛)的情况下,可以推迟处罚开始生效的时间;

(c) 如决定在重要的赛季间实施制裁,应给出其认为赛季间的比赛重要的原因;

(d) 在评估处罚的比赛后果时,可自行决定将停赛处罚应用于预定的季前赛和友谊赛,前提是这些比赛对涉事球员有重大意义。在进行此类评估时,纪律委员会或仲裁可以酌情考虑包括比赛临近赛季开始、对手球员的水平、对手球队的质量以及一般比赛概况等其认为有关的因素;

(e) 如果球员的停赛处罚在本赛季结束前还没有结束,则必须继续停赛到下赛季的规定日期,除非这名球员已被选为赛季末巡回赛的球员,或已经计划在赛季末去另一个联盟

打球。在确定了其参加巡回赛或去其他联盟打球的事实后,这些事实在决定其停赛结束日期时都应被考虑;

(f) 可以把停赛期分成两个部分,从而将整个或部分休赛期排除在外,前提是球员在休赛期不被允许上场比赛。

17.19.12　在附录1未涉及的犯规中,相关的仲裁、纪律委员会、上诉官和(或)上诉委员会有权力施加合适的处罚。

17.19.13　如果球员的行为构成了中高档犯规,并对受害人的健康有潜在影响且事实上已经对其健康造成严重损害,尽管有附录1和17.19的条款处罚涉事球员,仲裁或纪律委员会仍旧可以对球员施加任何停赛处罚,包括终身禁赛。

17.20　费　　用

17.20.1　依一般原则和条例17.20.2~17.20.3的规定,主场队伍所属联盟或比赛组织者通常应该承担举行听证会的费用。费用包括纪律委员会成员或仲裁和(或)当值裁判组、赛事监督和其他由纪律委员会或仲裁传唤的证人的旅费、住宿费和(或)其他费用,还包括翻译、记录和(或)抄写费用,以及纪律委员会或仲裁的法律咨询费用。

17.20.2　涉事球员或其所属协会应自付其相关花销,包括球员、球员代表和球员证人的旅费和住宿费,以及球员的法律费用。

17.20.3　尽管有条例17.20的规定,纪律委员会或仲裁仍享有完全的自由裁量权,以强制执行与程序相关的费用支付令,这包括条例18附录1中所规定的费用项目。

17.21　听证后的程序

17.21.1　纪律委员会或仲裁做出的裁定应送达相关各方,并在听证会后,在可行范围内,对涉事球员、其代理人或其所属协会具有约束力。

17.21.2　被纪律委员会或仲裁聆讯的相关各方有权在裁定做出后48小时内,从主办方处收到最终决定书的副本。同时,应按照条例17.4.7规定的时间表,将决定书递送给世橄协。

17.21.3　纪律委员会或仲裁应通知在纪律裁定中受到不利影响的一方(包括球员、协会或橄榄球机构),被通知的一方有权向上诉委员会或上诉官员提出上诉。通常情况下,此类通知应包含在最终书面决定中;如果决定是口头做出的,则应在听证会结束时予以通知。

17.21.4　听证会应以音频、音视频或速记的形式进行记录。相关记录和全部文件均应由主办方保留一段时间。只有在上诉发生时,才能以合理的费用向相关各方提供记录副本。尽管有上述规定,当世橄协提出要求时,也应向其提供记录副本。

17.22 上　诉

17.22.1　就本条例(17.22)而言,“决定”指的是纪律委员会或仲裁做出的最终书面决定。

17.22.2

(a) 球员和(或)其所属协会或橄榄球机构有权就相关决定向上诉委员会或上诉官员提出上诉。上诉必须在收到决定通知之日起 48 小时内递交给主办方指定的官员。

(b) 下列其他各方也有权对纪律委员会或仲裁做出的决定向上诉委员会或上诉官员提出上诉:

(Ⅰ) 主办协会;

(Ⅱ) 赛事组织者;

(Ⅲ) 世橄协(针对所有世橄协旗下和择优任用计划内的比赛)。

这些当事人应在可行范围内尽快提出上诉,但无论如何不得迟于收到决定后 72 小时。

(c) 根据本条例,世橄协对纪律事项具有监督管辖权。如果纪律官员认为针对国际比赛特定决定提出的上诉是合理的,且没有合适的比赛主办机构和(或)比赛的纪律规定与条例 17 相违背,那么世橄协的纪律官员或其他被提名人可以采取合理必要的步骤来审查此事,并向世橄协提出其认为合理的建议。世橄协的纪律官员(或其他被提名人)可以在收到决定后的 72 小时内就该案件提出上诉。

17.22.3　当上诉通知在条例 17.22.2 规定的时间框架内,并随同条例 17.22.5 要求的押金一起被主办方指定的官员(或在缺省情况下由主办方的秘书或纪律官员)接收时,即视为相关主体(上诉人)的上诉已经正式提交。

17.22.4　上诉申请应为书面形式,并由上诉人签名,同时应标明:

(a) 提出上诉的上诉人的姓名;

(b) 上诉所针对的决定;

(c) 上诉所针对的决定达成的日期;

(d) 上诉方收到该决定的日期;

(e) 上诉理由。

除另有规定外,上诉申请无须采用特定格式。

17.22.5　如果赛事主办方有上诉押金的要求,那么每份上诉都应附有不超过 1 000 英镑的押金,具体金额由主办方自行决定。除非上诉委员会或上诉官员依其权力延长支付押金时间,否则未能按要求支付押金将视为上诉人自动放弃上诉。世橄协、比赛主办协会或赛事组织者提出的上诉,无须缴纳费用。

17.22.6　在上诉人提交上诉后,主办方应:

(a) 依据 17.22.2 通知涉及上诉的各方人员;

(b) 提供之前裁定程序的全部记录给上诉委员会或上诉官员(和上诉人)。

17.22.7　上诉委员会或上诉官员需确定进行上诉程序的依据。条例 18 附录 1 所列上诉委员会或上诉官员召开听证会的一般程序适用于本条例下产生的各项事宜。

17.22.8 上诉人应被告知上诉委员会成员或上诉官员的名字,以及涉事球员在上诉期间不得参加比赛(或任何形式的橄榄球活动)或比赛日的场上活动,除非之前的决定中没有停赛处罚或上诉时球员的处罚已经结束。

17.22.9 在适当情况下,上诉应在提出后的7天内进行听证。

17.22.10 任何向上诉委员会或上诉官员提出的上诉中:

(a) 球员可以由协会代理人和(或)法律顾问代表担任上诉人。任何其他上诉人均可以由法律顾问和(或)上诉人的另一个代理人代表。

(b) 主办协会或赛事组织者发起的上诉,应由其指定的纪律官员[和(或)纪律官员提名的人]代表。

(c) 世橄协发起的上诉,应由其纪律官员[和(或)纪律官员提名的人]代表。

17.22.11 如果上诉委员会或上诉官员允许在听证会上提出进一步的证据,那么除上诉委员会或上诉官员允许的范围外,不得进行证人盘问。

17.23 有关听证会的补充规定

17.23.1 在所有由纪律委员会或仲裁和(或)上诉委员会或上诉官员主持的听证过程中,主裁判和(或)助理裁判员仅可以提供事实证据,不得发表个人意见。

17.23.2 纪律委员会成员、仲裁员,上诉委员会成员和上诉官员,在听证会前或听证会期间的任何阶段,都可以对造成球员被勒令退赛或被传唤的所认定的犯规进行修正,除非考虑到案件的具体情况,这些修正可能会造成不公正的局面。如果进行了修正,在适当情况下,可以允许听证会延期进行。

17.24 停　赛

17.24.1 一名球员在被勒令退赛或被赛事监督传讯后,在其案件由纪律委员会或仲裁审结前,不得参加比赛。

17.24.2 在不限制条例17.19.11效力的前提下,一名在本国内或其他比赛中被勒令退赛或被传讯的球员,在其案件得到最终解决前,不得参加世界上任何一场比赛(或任何形式的橄榄球活动),也不得参与比赛日的场上活动。

17.24.3 选择上诉的球员,在上诉委员会或上诉官员审结其案件或停赛期满(以较早者为准)之前,不得参加或被挑选参加任何比赛。

17.25 临时停赛和赛事监督警告

17.25.1 所有在其管辖范围内主办比赛的协会,以及国际比赛与国际系列赛的赛事组织者,都有义务制定规定,以规范因临时停赛和赛事监督警告而产生的行政和纪律后果[包括累计三张黄牌和(或)赛事监督警告的情况]。

17.25.2 下列原则适用于临时停赛,在应用于各协会的比赛、国际比赛或国际系列赛时,可根据相关情况进行必要修改:

(a) 裁判员必须为每一次临时停赛(即黄牌)给出报告;

(b) 合理可行的情况下,黄牌报告应以规定格式在比赛结束后 2 小时内递交给主办方的指定官员。根据条例 17.25.2 的规定,指定官员应为主办协会的秘书或赛事组织者任命的纪律官员;

(c) 主办方应在收到报告后 48 小时内将报告副本送达有关各方。报告中应注明球员有权就其黄牌提出质疑,且必须在收到报告后 48 小时内(通常情况下)提交详细说明原因的质疑申请。这些申请应由主办方正式记录,并在该球员随后因累积黄牌而可能面临的停赛听证会时予以考虑;

(d) 球员在单赛季中不同情况下累积三张或以上黄牌,或在特定比赛、联赛或系列赛中分别得到黄牌并累积三张或以上,应被要求在约定时间和地点出现在主办方独立任命的纪律委员会或仲裁面前。届时,该球员将被通知以下内容:

(Ⅰ) 召开听证会的目的是决定其是否会因其连续犯规而被处罚;

(Ⅱ) 他的协会和(或)合法代理人可以代表他出席;

(Ⅲ) 除球员按条例 17.25.2(c)在规定时间内已经提交针对黄牌的质疑申请,以及相关通知递送失败的特殊情况外,将不会听取任何除关于处罚问题外的证据;

(Ⅳ) 纪律委员会成员或仲裁的身份;

(Ⅴ) 在得出结论前,球员不得参加世界范围内的任何比赛以及比赛日的场上活动;

(e) 根据条例 17 的听证和上诉的一般程序,经必要修订后,也适用于累积黄牌的听证会与上诉;

(f) 考虑到对累积黄牌的潜在处罚有多种组合,对于累积黄牌球员的处罚应完全基于纪律委员会或仲裁的自由裁量权。

17.25.3 赛事监督警告(以下简称"警告")应被写入球员的纪律记录中。就此而言:

(a) 赛事监督发出的针对比赛中不当行为的警告不受数量限制;

(b) 如果一名球员在一场比赛中得到两次警告或一次警告和一张黄牌,那么他应在纪律方面被视为得到了红牌;

(c) 如果球员要对警告提出质疑,那么他应在得到通知后 48 小时内提交申请。申请应被主办方适时地记录,并在随后针对该球员因累积黄牌和(或)警告而召开的听证会中被考虑;

(d) 如果球员在单赛季的某次比赛、联赛或系列赛中得到了三次警告,或警告与黄牌

合计达到三次,这名球员就应被要求出现在赛事主办方独立任命的纪律委员会或仲裁面前。届时,球员应被告知以下内容:

(Ⅰ)召开听证会的目的是决定其是否会因其连续犯规而被处罚;

(Ⅱ)他的协会和(或)合法代理人可以代表他出席;

(Ⅲ)纪律委员会成员或仲裁的身份;

(Ⅳ)在得出结论前,球员不得参加世界范围内的任何比赛以及比赛日的场上活动。

17.26 与球员行为有关的特殊情况

17.26.1 当一名或多名球员或人员的行为性质严重或粗暴,以至于世橄协认为他们在等待相关当局对该行为做出裁定前,以任何身份参与橄榄球运动都是不合时宜的,且(或)可能对橄榄球运动的形象和声誉造成潜在损害时,世橄协有权要求相关协会中止这些球员或人员参与橄榄球运动。

17.26.2 在此种情况下,世橄协所有成员国都有义务参考自身相关条例规定,或以其他方式实施和(或)承认针对相关人员的临时禁赛。

17.27 不可预见的情况

17.27.1 当发生的特定案件在条例 17 中未做出明确规定时,纪律官员或其提名的人员可以遵循自然公正原则,采取在当时情况下他们认为合适的行动。

17.28 其他事项

17.28.1 同一名球员在同一场比赛中实施的暴行和失当行为(如条例 20 所定义),即便这些行为可能由不同的条例来规范,只要对该球员不构成不公平,那么为了简便起见,这些行为都将由同一个仲裁或纪律委员会一并裁定。

17.28.2 基于本条例和(或)条例 18 的程序或流程,或纪律委员会、仲裁、上诉委员会、上诉官员所做出的决定,不得仅以任何缺陷、不规范、遗漏或其他技术性理由被推翻或视为无效。除非这些缺陷、不规范、遗漏或技术性因素引发了对纪律委员会、仲裁、上诉委员会或上诉官员所得出的调查结果或决定的实质性怀疑,或导致了司法不公正。

17.29　针对七人制修正的暴行程序简介

17.29.1　鉴于七人制比赛的独特结构及其时间安排特点,以下规定特适用于七人制比赛中的暴行处理。

17.29.2　为免生疑问,条例 17.3、17.4、17.5 中提及的国际锦标赛、国际巡回赛和国际系列赛均包括相应的七人制国际比赛。同时,所有其他条款中提及的比赛也应理解为包含七人制比赛。

17.30　条例的应用

17.30.1　除以下 17.31 和 17.32 的特别规定外,对于所有七人制比赛,条例 17 中关于十五人制比赛的程序与标准均同样适用于七人制比赛。具体而言,应适用以下规定:

(a) 初始程序——勒令退赛:条例 17.14 的全部内容,但受条例 17.31 的修订影响;

(b) 初始程序——传讯与赛事监督警告:条例 17.15 和 17.16 的全部内容,但受条例 17.32 的修订影响;

(c) 仲裁——权力与程序:条例 17.18 及条例 18 附录 1 的全部内容,但受条例 17.33 的修订影响;

(d) 处罚:条例 17.19 的全部内容,但受条例 17.34 的修订影响;

(e) 上诉:条例 17.22 的全部内容,但受条例 17.36 的修订影响;

(f) 停赛:条例 17.24 和 17.25 的全部内容,但受条例 17.35 的修订影响。

17.31　初始程序——勒令退赛

17.31.1　在七人制比赛中,如球员被勒令退赛,其红牌裁定应在比赛结束后 2 小时内,或在其参加本站比赛中的下一场比赛前做出,以较早者为准。

17.31.2　裁判员在根据条例 17.14.1 撰写报告时,可使用表格 4(见附录 2)。

17.31.3　助理裁判在根据条例 17.14.2 撰写报告时,可使用表格 5(见附录 2)。

17.31.4　鉴于七人制比赛的时间紧迫性,无须按照条例 17.14.5 向因勒令退赛而受处罚的球员出具书面通知。只要裁判报告(和如需的助理裁判报告)以及其他相关证据,连同条例 17.4.5 要求的信息,以非书面形式告知球员或其球队经理,即视为对本条例的充分遵守。

17.32 初始程序——传讯与赛事监督

17.32.1 在七人制比赛中,球队所属协会或其他负责管理球队的附属机构,以及任一参赛队伍,均无权因暴行而直接传讯某个球员。但可在暴行发生后的30分钟内,向赛事监督提交该暴行案件。无论基于提交给他的案件还是其他原因,赛事监督关于涉事球员是否应被传讯的决定均为最终决定。

17.32.2 赛事监督在进行传讯控告时,可使用表格3(a)(见附录2)。

17.32.3 赛事监督提出的传讯控告,通常应包含条例17.15.4所要求的相关信息。传讯控告应在被指称有暴行发生的比赛结束后60分钟内,由指定的纪律官员(或若无纪律官员,则由主办方秘书)接收。

17.32.4 条例17.15.3中关于超时传讯的特殊情况,同样适用于七人制比赛。此外,在赛事监督向仲裁提出申请的前提下,传讯期限可因情有可原的情况而被延长,但延长的时间不得超过本站比赛的持续时间。

17.32.5 在可行的情况下,被传讯控告的球员的案件,应在球员收到传讯控告后的2小时内,或其在本站内的下一场比赛开始前被裁决。

17.32.6 赛事监督警告应在指称有暴行发生的比赛结束后60分钟内,提交给主办方的指定官员。赛事监督警告的通知应包含条例17.15.4(a)~(d)所要求的信息。表格3(b)(见附录2)可用于警告通知。

17.33 仲裁——管理相关程序的权力

17.33.1 在七人制比赛中,任何涉及红牌、传讯、黄牌的案件都由仲裁以唯一仲裁人的身份做出裁决。

17.33.2 在七人制修订程序或条例17中未提及的首次发生的案件都应以仲裁认为合适的方式进行处理。

17.34 七人制的处罚

17.34.1 附录1中世橄协针对暴行的处罚标准,是基于一周禁赛通常会导致球员错过一场十五人制比赛的原则制定的。然而,在七人制一站比赛中,球员或参赛队伍往往按计划在一天内参加多场比赛。因此,仲裁应认识到,在七人制比赛期间,一名球员可能因停赛一周而错过超过一场比赛,并可能因一站比赛内的多场比赛而受到处罚。在这方面,仲裁应考虑停赛对球员的整体影响。本规定并不排除停赛期超过比赛期的可能性。

17.34.2 仲裁需尽快以标准格式(见附录2表格6)或其他书面形式,向涉事球员、参赛双方球队、指定的纪律官员和世橄协传达其决定。一旦球员、该球员的代表或其球队被告知该决定,该决定即对其具有约束力。本条款中“决定”的含义与条例 17. 22. 1 中的定义相同。

17. 35　临时停赛与赛事监督警告

17. 35. 1　除以下所述情况外,条例 17. 25 的规定均适用于七人制比赛中的临时停赛和赛事监督警告:

(a) 临时停赛的最长时间不超过 2 分钟比赛时间。若半场休息时临时停赛未结束,被临时停赛的球员不得与其球队接触。

(b) 黄牌报告应尽快以标准格式,在发生临时停赛的比赛结束后 2 小时内,提交给主办方的指定官员。

(c) 主办方应在其收到报告后的 4 小时内,将报告副本送达有关各方。报告中应明确标示球员有权对黄牌提出质疑,且球员必须在收到报告后 12 小时内提交质疑申请。该申请必须由主办方及时记录在案,并在之后涉及该球员累积黄牌的听证会中予以考虑。

(d) 若球员要对赛事监督警告提出质疑,其必须在收到警告后 12 小时内提交申请。该申请必须由主办方及时记录在案,并在之后涉及该球员累积赛事监督警告的听证会中予以考虑。

17. 35. 2

(a) 一名球员在一站七人制比赛中累积 3 场(及以上)黄牌和(或)赛事监督警告,或累积得到 3 次(及以上)黄牌和(或)赛事监督警告;或一名球员在世界七人制系列赛中累积达到 5 次黄牌或赛事监督警告(或二者合算),那么该球员应被要求在约定的时间和地点出现在仲裁面前。

(b) 在听证会及等待最终决定期间,涉事球员不得参加世界范围内的任何比赛,也不得参加比赛日的场上活动。

(c) 通常情况下,这类听证会应在球员累积达到 3 个或 5 个黄牌、赛事监督警告或二者兼有的某　站比赛的所在地召开。听证会的具体地点由仲裁决定。

17. 36　上　　诉

17. 36. 1　为了保证上诉的有效性,在七人制比赛中,任何针对仲裁所作的决定,都必须在球员或其所属协会收到决定后的 24 小时内,以书面形式提交给主办方的纪律官员(或被纪律官员提名的人士)。

17. 36. 2　上诉通常由上诉官员进行审理。